AF218310

QUE TODOS SEAN UNO EN CRISTO

EDWARD FESER

QUE TODOS SEAN UNO EN CRISTO

Una crítica católica del racismo y de la
Teoría Crítica de la Raza

Título original: *All One in Christ: A Catholic Critique of Racism and Critical Race Theory*

© 2022 *by* Ignatius Press, San Francisco

Maquetación y diseño de la cubierta: Elena Trius Béjar

© 2024 de la traducción realizada por Jorge Soley Climent *by* EDICIONES COR IESU (hhnss)
Plaza San Andrés 5, 45002 - Toledo
www.edicionescoriesu.es
info@edicionescoriesu.es

ISBN (papel): 978-84-18467-96-7
ISBN (ebook): 978-84-18467-97-4
Depósito Legal: TO 70-2024

Impreso en España
Imprime: Ulzama Digital. Huarte (Navarra).

Índice

1

La doctrina de la Iglesia contra el racismo

El racismo es condenado hoy en día de forma universal. De hecho, en un mundo que parece cada vez más dividido en torno a cuestiones morales y políticas, la maldad del racismo es una de las pocas cosas sobre las que parece haber un amplio acuerdo. Pero, ¿qué es exactamente el racismo y por qué es malo? ¿Qué enseña la Iglesia católica al respecto? ¿Qué enseña sobre otras cuestiones que a menudo surgen en los debates sobre el racismo, como la esclavitud, la inmigración o el nacionalismo? ¿Qué deben pensar los católicos sobre la Teoría Crítica de la Raza y otras ideas y movimientos cada vez más influyentes promovidos en nombre del antirracismo? Este libro aborda estas cuestiones.

En su carta apostólica *Octogesima Adveniens* de 1971, el papa San Pablo VI condenó lo que denominó «prejuicios racistas», al afirmar:

> los miembros de la humanidad participan de la misma naturaleza, y, por consiguiente, de la misma dignidad, con los mismos derechos y los mismos deberes fundamentales, así como del mismo destino sobrenatural. En el seno de una patria común, todos deben ser iguales ante la ley, tener iguales posibilidades en la vida económica, cultural, cívica o social y beneficiarse de una equitativa distribución de la riqueza nacional (16).

Estas palabras sugieren una definición útil de racismo, que se entiende mejor como la negación de lo que aquí afirma el Papa. En otras palabras, el racismo es la creencia de que no todas las razas tienen los mismos derechos y deberes básicos ni el mismo destino sobrenatural y, por lo tanto, no todas las razas deberían ser iguales ante la ley, tener el mismo acceso a la vida económica, cultural, cívica y social, ni beneficiarse de un reparto equitativo de las riquezas de la nación. Por lo tanto, el racismo implica conceder a algunas razas un trato especial más favorable que a otras.

La Iglesia ha condenado sistemáticamente el racismo en este sentido y lo hizo con especial énfasis durante el siglo XX. En su encíclica de 1914 *Ad Beatissimi Apostolorum*, el papa Benedicto XV se lamentaba:

> Finalmente, suspendido de la cruz, [Jesucristo] derramó su sangre sobre todos nosotros, para que, unidos estrechamente, como formando un solo cuerpo, nos amásemos mutuamente con un amor semejante al que existe entre los miembros de un mismo cuerpo. Pero muy de otra manera sucede en nuestros tiempos… en realidad, nunca se han tratado los hombres menos fraternalmente que ahora. En extremo crueles son los odios engendrados por la diferencia de razas; más que por las fronteras, los pueblos están divididos por mutuos rencores (5-6).

Y en su encíclica *Mit Brennender Sorge*, de 1937, el papa Pío XI condenó lo que estaba ocurriendo en la Alemania nazi:

> Si la raza o el pueblo, si el Estado o una forma determinada del mismo, si los representantes del poder estatal u otros elementos fundamentales de la sociedad humana tienen en el orden natural un puesto esencial y digno de respeto, con todo, quien los arranca de esta escala de valores terrenales elevándolos a suprema norma de todo, aun de los valores religiosos, y, divinizándolos con culto idolátrico, pervierte y falsifica el orden creado e impuesto por Dios, está lejos de la verdadera fe y de una concepción de la vida conforme a esta (12).

En *Pacem in Terris*, el papa San Juan XXIII pidió «la eliminación de todo vestigio de discriminación racial», basándose en que «no puede existir superioridad alguna por naturaleza entre los hombres, ya que todos ellos sobresalen igualmente por su dignidad natural» (89). Y el Concilio Vaticano II, en la declaración *Nostra Aetate*, enseñó:

> La Iglesia, por consiguiente, reprueba como ajena al espíritu de Cristo cualquier discriminación o vejación realizada por motivos de raza o color, de condición o religión. Por esto, el sagrado Concilio, siguiendo las huellas de los santos Apóstoles Pedro y Pablo, ruega ardientemente a los fieles que, «observando en medio de las naciones una conducta ejemplar», si es posible, en cuanto de ellos depende, tengan paz con todos los hombres, para que sean verdaderamente hijos del Padre que está en los cielos (5).

El documento de 1988 *La Iglesia ante el racismo. Para una sociedad más fraterna*, preparado por la Pontificia Comisión «Iustitia et Pax» bajo la dirección del papa San Juan Pablo II, observa:

> Los prejuicios o las conductas racistas siguen empañando las relaciones entre las personas, los grupos humanos y las naciones. La opinión pública se conmueve siempre más. Y la conciencia moral no puede de ninguna manera aceptar tales prejuicios o conductas. La Iglesia es particularmente sensible a las actitudes discriminatorias: el mensaje que ella recibe de la Revelación bíblica afirma vigorosamente la dignidad de cada persona creada a imagen de Dios, la unidad del género humano en el designio del Creador y la dinámica de la reconciliación realizada por el Cristo Redentor, quien ha derribado el muro de odio que separaba los mundos contrapuestos para recapitular en sí la humanidad entera (1).

El *Compendio de la Doctrina Social de la Iglesia*, publicado también durante el pontificado de Juan Pablo II, resume la condena del racismo por parte de la Iglesia, que se fundamenta en su comprensión tanto de la naturaleza humana como de las exigencias del Evangelio:

> «Dios no hace acepción de personas» (Hch 10,34; cf. Rm 2,11; Ga 2,6; Ef 6,9), porque todos los hombres tienen la misma dignidad de criaturas a su imagen y semejanza. La Encarnación del Hijo de Dios manifiesta la igualdad de todas las personas en cuanto a dignidad: «Ya no hay judío ni griego; ni esclavo ni libre; ni hombre ni mujer, ya que todos vosotros sois uno en Cristo Jesús» (Ga 3,28; cf. Rm 10,12; 1 Co 12,13; Col 3,11).
>
> Puesto que en el rostro de cada hombre resplandece algo de la gloria de Dios, la dignidad de todo hombre ante Dios es el fundamento de la dignidad del hombre ante los demás hombres. Esto es, además, el fundamento último de la radical igualdad y fraternidad entre los hombres, independientemente de su raza, Nación, sexo, origen, cultura y clase (144).

Este doble fundamento de la condena del racismo por parte de la Iglesia (en la naturaleza y en la gracia, en nuestro origen común y en nuestro destino sobrenatural) requiere un énfasis y un comentario especiales, ya que difiere crucialmente del enfoque adoptado en muchos debates seculares sobre el racismo.

Los defensores del racismo suelen plantear la existencia de diferencias raciales de tipo cognitivo, afectivo o conductual que, según afirman, se basan en la genética o en otros factores biológicos. Sus críticos responden que las pruebas científicas de tales afirmaciones son débiles. Pero desde el punto de vista de la teología católica, abordar la cuestión sólo a este nivel sería superficial. La condena del racismo por parte de la Iglesia se basa en consideraciones sobre la naturaleza humana que son más profundas que cualquier dato que la ciencia biológica pueda descubrir o refutar. Como señala el documento *La Iglesia ante el racismo*:

Las ciencias, por su parte, contribuyen a disipar no pocas falsas certidumbres con las cuales se intenta cubrirse cuando se quiere justificar conductas racistas… Pero las ciencias no son suficientes para asegurar las convicciones anti-racistas: por sus métodos mismos, ellas se prohíben a sí mismas decir una palabra final sobre el hombre y su destino y definir reglas morales universales obligatorias para las conciencias (18).

Para la Iglesia, la fuente de nuestra dignidad común se encuentra, en primer lugar, no en el *cuerpo* tal como lo entiende la ciencia, sino en el *alma*, que, como enseña el *Catecismo de la Iglesia Católica*, «designa lo que hay de más íntimo en el hombre y de más valor en él, aquello por lo que es particularmente imagen de Dios: "alma" significa el principio espiritual en el hombre» (363).[1] Al ser espiritual, este principio no puede ser detectado en el plano genético o en cualquier otro nivel biológico descriptivo, y de hecho no es el producto de procesos biológicos. El *Catecismo* continúa:

La Iglesia enseña que cada alma espiritual es directamente creada por Dios —no es «producida» por los padres—, y que es inmortal: no perece cuando se separa del cuerpo en la muerte, y se unirá de nuevo al cuerpo en la resurrección final (366).[2]

Así pues, tal y como enseña Santo Tomás de Aquino, nuestras almas son las que nos dan a los seres humanos ese rasgo que nos distingue de los demás animales: nuestra racionalidad, que se manifiesta en nuestras capacidades de conocer y entender, de querer y elegir.[3] Y el ejercicio más elevado de estas capacidades es conocer y amar a Dios. Escribe el Aquinate:

---

[1] Cf. 1 Cor 6:19–20; 15:44–45.
[2] Cf. Pío XII, *Humani Generis*: DS 3896; Pablo VI, CPG §8; V Concilio de Letrán (1513): DS 1440.
[3] Tomás de Aquino, *Summa Theologiae*, 1.76.3. En adelante, *ST*.

Agustín dice (Gen. ad lit. vi, 12): La excelencia del hombre consiste en que Dios lo hizo a su imagen y semejanza, dándole un alma intelectual que lo eleva por encima de las bestias del campo.[4]

Puesto que se dice que el hombre es imagen de Dios en razón de su naturaleza intelectual, es lo más perfectamente semejante a Dios según aquello en lo que mejor puede imitar a Dios en su naturaleza intelectual. Ahora bien, la naturaleza intelectual imita a Dios principalmente en esto: en que Dios se comprende y se ama a sí mismo.[5]

Conocer y amar a Dios es pues, para Santo Tomás, la forma más plena en que manifestamos nuestra dignidad y nuestra naturaleza como hechos a imagen divina. El *Catecismo* coincide con este juicio:

De todas las criaturas visibles sólo el hombre es «capaz de conocer y amar a su Creador»; es la «única criatura en la tierra a la que Dios ha amado por sí misma»; sólo él está llamado a participar, por el conocimiento y el amor, en la vida de Dios. Para este fin ha sido creado y ésta es la razón fundamental de su dignidad (356).[6]

Esta naturaleza humana común, y en particular nuestra capacidad de llegar a conocer y amar a Dios, ha quedado dañada por el pecado original. Pero este daño lo han sufrido todos los seres humanos, de todas las razas. Como enseña San Pablo, «todos han pecado y están privados de la gloria de Dios» y «por medio de un solo hombre entró el pecado en el mundo, y a través del pecado la muerte, y de esta forma la muerte llegó a todos los hombres, porque todos pecaron» (Rom 3, 23; 5, 12). Esto nos lleva al se-

---

[4] *ST* I.93.2,4.

[5] *ST* I.93.4,3.

[6] Concilio Vaticano II, Constitución Pastoral *Gaudium et Spes* sobre la Iglesia en el mundo actual (7 de diciembre de 1965), 12§3; 24§3. En adelante, *GS*.

gundo fundamento de nuestra dignidad, que es *sobrenatural* -es decir, que deriva de una fuente que está más allá de nuestra naturaleza- y que, por tanto, sólo se nos concede por la gracia. El pecado y la muerte que afligen a todos los seres humanos son sanados también para todos los seres humanos por la muerte y resurrección de Cristo. Porque «murió por todos» (2 Co 5,15), de modo que «como por la caída de uno solo la condenación afectó a todos los hombres, así también por la justicia de uno solo la justificación, que da la vida, alcanza a todos los hombres» (Rm 5,18); y «así como en Adán todos mueren, así también en Cristo todos serán vivificados» (1 Co 15,22). Por tanto, así como todas las razas comparten la misma naturaleza humana heredada de Adán, también a todas se les ofrece la misma gracia por medio de Cristo. Como escribe San Pablo en un célebre pasaje:

> En efecto, todos sois hijos de Dios por medio de la fe en Cristo Jesús. Porque todos los que fuisteis bautizados en Cristo os habéis revestido de Cristo. Ya no hay diferencia entre judío y griego, ni entre esclavo y libre, ni entre varón y mujer, porque todos vosotros sois uno solo en Cristo Jesús (Gal 3, 26–28).

En definitiva, nuestros derechos y obligaciones básicos en virtud de la ley natural se fundamentan en nuestra naturaleza de criaturas racionales capaces de comprender y de elegir libremente y, por tanto, de conocer y amar a Dios. Esta naturaleza, y por tanto estos derechos y obligaciones, son los mismos para todos los seres humanos, de cualquier raza. Nuestros derechos y obligaciones básicos como potenciales ciudadanos del cielo se fundamentan en la gracia. Esta gracia ha sido ofrecida a todos los seres humanos, sean de la raza que sean. Por tanto, cualesquiera que sean las diferencias biológicas y culturales que puedan existir entre las razas, la naturaleza y la gracia garantizan por igual que sus derechos y deberes básicos sean los mismos. Este es el profundo e inquebrantable fundamento de la condena del racismo por parte de la Iglesia. La constitución pastoral *Gaudium et Spes* del Concilio Vaticano II resume esta enseñanza de la siguiente manera:

La igualdad fundamental entre todos los hombres exige un reconocimiento cada vez mayor. Porque todos ellos, dotados de alma racional y creados a imagen de Dios, tienen la misma naturaleza y el mismo origen. Y porque, redimidos por Cristo, disfrutan de la misma vocación y de idéntico destino.

Es evidente que no todos los hombres son iguales en lo que toca a la capacidad física y a las cualidades intelectuales y morales. Sin embargo, toda forma de discriminación en los derechos fundamentales de la persona, ya sea social o cultural, por motivos de sexo, raza, color, condición social, lengua o religión, debe ser vencida y eliminada por ser contraria al plan divino (29).

2

Los escolásticos tardíos y los primeros Papas modernos contra la esclavitud

La condena del racismo por parte de la Iglesia no es una novedad reciente ni es tampoco cuestión de que ahora la Iglesia trate de imitar las actitudes morales seculares. Al contrario, la Iglesia ha enseñado lo mismo durante siglos, y mucho antes de que surgiera el consenso secular contemporáneo contra el racismo. Ahora bien, como observa *La Iglesia ante el racismo*, el racismo es en gran medida un fenómeno moderno:

> Históricamente, el prejuicio racista en sentido estricto, en cuanto conciencia de la superioridad biológicamente determinada de la propia raza o grupo étnico respecto de los otros, se ha desarrollado sobre todo a partir de la práctica de la colonización y la esclavitud, al principio de la época moderna...
>
> La antigüedad greco-romana, por ejemplo, no parece haber conocido el mito de la raza. Los griegos estaban ciertamente convencidos de la superioridad cultural de su civilización, pero no por eso consideraban los pueblos que llamaban «bárbaros» como inferiores por razones biológicas congénitas...
>
> El pueblo hebreo, según atestiguan los libros del Antiguo Testamento, era consciente, a un grado único, del amor de Dios por él, manifestado bajo la forma de una alianza gratuita entre Dios y el pueblo... El lugar de esos otros pueblos en la historia de la salvación no fue siempre bien percibido desde el principio, y a veces esos pueblos eran estigmatizados en la predicación profé-

tica, en la medida en que permanecían idólatras. Pero no fueron objeto ni de menosprecio ni de una maldición divina a causa de su diferencia étnica. El criterio de la distinción era religioso (2).

Es «con el descubrimiento del Nuevo Mundo», señala el documento, cuando «cambiaron las actitudes», cuando aparecieron soldados y comerciantes europeos que redujeron a indios de las Américas y a negros africanos a la esclavitud y «comenzaron a desarrollar una teoría racista para justificar sus acciones». La Iglesia condenó inmediatamente esta evolución en los términos más duros posibles. Por ejemplo, en su bula *Sublimis Deus* de 1537, el papa Pablo III enseñó:

> Jesucristo que es la Verdad misma, que no puede engañarse ni engañar, cuando envió a los predicadores de la fe a cumplir con el oficio de la predicación dijo: *Id y enseñad a todas las gentes*, a todas dijo, sin excepción, puesto que todas son capaces de ser instruidas en la fe; lo cual viéndolo y envidiándolo el enemigo del género humano que siempre se opone a las buenas obras para que perezcan, inventó un método hasta ahora inaudito para impedir que la Palabra de Dios fuera predicada a las gentes a fin de que se salven y excitó a algunos de sus satélites, que deseando saciar su codicia, se atreven a afirmar que los indios occidentales y meridionales y otras gentes que en estos tiempos han llegado a nuestro conocimientos -con el pretexto de que ignoran la fe católica- deben ser dirigidos a nuestra obediencia como si fueran animales y los reducen a servidumbre urgiéndolos con tantas aflicciones como las que usan con las bestias.
>
> Nos pues, que aunque indignos hacemos en la tierra las veces de Nuestro Señor, y que con todo el esfuerzo procuramos llevar a su redil las ovejas de su grey que nos han sido encomendadas y que están fuera de su rebaño, prestando atención a los mismos indios que como verdaderos hombres que son, no sólo son capaces de recibir la fe cristiana, sino que según se nos ha informado corren con prontitud hacia la misma; y queriendo proveer sobre esto con remedios oportunos, haciendo uso de la Autoridad

apostólica, determinamos y declaramos por las presentes letras que dichos indios, y todas las gentes que en el futuro llegasen al conocimiento de los cristianos, aunque vivan fuera de la fe cristiana, pueden usar, poseer y gozar libre y lícitamente de su libertad y del dominio de sus propiedades, que no deben ser reducidos a servidumbre y que todo lo que se hubiese hecho de otro modo es nulo y sin valor.

Obsérvese que en este documento de hace cinco siglos, el Papa califica nada menos que de satánico el tratamiento de los indios y otros seres humanos como si fueran meras bestias brutas y enseña de manera definitiva («define y declara») que no se les debe privar de su libertad ni de sus bienes. Es cierto que esta enseñanza fue muy a menudo ignorada por quienes colonizaron el Nuevo Mundo. Pero ésa era la enseñanza de la Iglesia siglos antes de que el antirracismo se convirtiera en bandera habitual entre progresistas de todo tipo; de hecho, siglos antes de que estos existieran.

Aunque hubo pensadores católicos de la época que se opusieron a esta doctrina, algunos de los grandes teólogos escolásticos del momento la defendieron y desarrollaron sus fundamentos intelectuales. Especialmente importantes en este sentido son Francisco de Vitoria (c. 1486- 1546) y Bartolomé de Las Casas (1474-1566).

Vitoria abordó cuatro de las razones por las que algunos en su tiempo afirmaban, o podrían haber afirmado, que los indios de las Américas carecían de los derechos básicos que tienen los demás seres humanos: (1) eran pecadores, (2) eran infieles, (3) carecían de racionalidad, o (4) carecían de inteligencia suficiente. Vitoria refutó cada uno de estos argumentos.

En primer lugar, señaló que los derechos naturales se fundan en la naturaleza humana y que los pecadores y los infieles tienen la misma naturaleza humana que cualquier otro ser humano. Por lo tanto, tienen los mismos derechos básicos que los demás (como el derecho a no ser asesinado, el derecho a que no le sean arrebatados sus bienes, etc.). Por lo tanto, que los indios americanos fueran pecadores o no creyentes es irrelevante para que tengan derechos naturales y, por lo tanto, nadie puede justificar que se les trate como si no los tuvieran.

En cuanto a la afirmación de que los indios americanos carecían de racionalidad, Vitoria señaló que esto es obviamente falso, dado que tenían costumbres e instituciones que sólo tienen las criaturas con razón (leyes, la institución del matrimonio, ciudades, etc.). También argumentó que no se puede sugerir que de alguna manera sólo tenían el potencial para la racionalidad, sin haber realizado realmente ese potencial; esto, sostuvo, violaría el principio de la filosofía escolástica de que la naturaleza no hace nada en vano. Vitoria argumenta aquí que no tiene sentido suponer que una población grande y continuada en el tiempo de seres humanos tendría sólo el potencial para la racionalidad sin haberlo actualizado nunca, porque en ese caso su posesión del potencial sería inútil, lo que viola dicho principio escolástico. Si una población tiene realmente el potencial de racionalidad, entonces con el tiempo y en el conjunto de la población ese potencial se va a realizar inevitablemente.

En respuesta a la afirmación de que los indios carecían de inteligencia suficiente, Vitoria dice que aunque los niños y los enfermos mentales carezcan de la inteligencia que tienen los demás, no carecen de derechos humanos básicos porque tienen la misma naturaleza humana que todos los demás. Por lo tanto, concluye Vitoria, las afirmaciones de que los indios carecían de la misma agudeza mental que los españoles no podían justificar la negativa a que tuvieran los mismos derechos naturales.

Aristóteles había defendido la tesis de que algunas personas sólo son naturalmente aptas para servir a otras y Vitoria respondió a quienes sostenían que esta tesis podía utilizarse para justificar la esclavitud de los indios. Argumentó que esta conclusión queda descartada por la circunstancia de que incluso las personas serviles descritas por Aristóteles tienen la misma naturaleza racional que cualquier otro ser humano, de modo que tienen los mismos derechos naturales que los demás seres humanos. Por lo tanto, ni siquiera una persona más apta para servir a los demás podría ser tratada como propiedad o como menos que un ser humano.

Las Casas fue aún más minucioso y apasionado en su defensa de los derechos y la igual dignidad de los indios de América. Se opuso enérgicamente a cualquier sugerencia de que los indios fueran moral o intelectualmente inferiores a los españoles y puso especial énfasis en los derechos a la libertad personal y al gobierno por consentimiento. Insistía en que había que apelar a la persuasión racional y no a la fuerza. También hizo hincapié en la fraternidad de los hombres, tanto desde un punto de vista cristiano como de derecho natural: «Todos los pueblos del mundo son humanos y sólo hay una definición de todos y cada uno de los humanos, esto es, que son racionales... Así pues, todas las razas de la humanidad son una».[7]

Las Casas desarrolló un argumento especialmente importante contra cualquier sugerencia de que la opinión de Aristóteles de que algunos pueblos son naturalmente serviles pudiera utilizarse para justificar la esclavitud racial. En primer lugar, señaló algunos problemas en las afirmaciones, comunes en su época, de que algunos pueblos eran razas «bárbaras». ¿Qué significaba eso exactamente? En el sentido original del término, los pueblos «bárbaros» eran aquellos cuya lengua era extraña, pero en este sentido trivial todos los pueblos son «bárbaros» en relación con los que hablan una lengua diferente. En otro sentido, un pueblo «bárbaro» es aquel que es especialmente cruel, pero en este sentido, señala Las Casas, podría decirse que los españoles eran bárbaros si daban un mal trato a los indios. En otro sentido, «bárbaros» se refería a los pueblos no cristianos. Pero los paganos griegos y romanos no eran cristianos y, sin embargo, los escritores cristianos no los consideraban bárbaros.

Las Casas sostiene que un «bárbaro», en el único sentido interesante del término, sería alguien que esencialmente viviera la vida de un salvaje, desprovisto de razón y apenas por encima del nivel de los animales no humanos, como un proverbial «hombre

---

[7] Citado en Tierney, *The Idea of Natural Rights*, 273.

salvaje» que vive a la intemperie. Sería esencialmente un ser humano menoscabado, y su falta de racionalidad comparable a la ceguera o a la cojera. Pero aquí Las Casas hace dos observaciones clave. En primer lugar, dice, incluso una persona así seguiría siendo un ser humano (aunque su uso de la razón estuviera muy atrofiado) y, por tanto, conservaría los derechos humanos básicos.

En segundo lugar, argumenta, tales personas también serían, por la misma naturaleza del caso, extremadamente raras y aisladas. No podría haber, en principio, una raza de bárbaros en este sentido, porque sencillamente no tiene sentido que haya una raza de personas que tengan las facultades básicas de racionalidad que tienen los demás seres humanos, con todos los deberes morales que ello conlleva en virtud de la ley natural, y que, sin embargo, generación tras generación, estén siempre fundamentalmente atrofiadas o menoscabadas en su capacidad de utilizar esas facultades. Serían como una raza de personas que, generación tras generación, siempre nacen ciegas o lisiadas. Habría una especie de perversidad en tal situación que violaría el principio escolástico de que la naturaleza no hace nada en vano. (Aquí, Las Casas básicamente sigue la línea de argumentación propuesta por Vitoria).

Lo que Vitoria y Las Casas desarrollaron, pues, son líneas argumentales que, a partir de la filosofía escolástica, descartan la misma posibilidad de que exista una raza naturalmente inferior a las demás. Y, por tanto, descartan cualquier justificación del racismo en el sentido condenado por la Iglesia desde el papa Pablo III hasta nuestros días. Pensadores escolásticos posteriores como Francisco Suárez (1548-1617) reiteraron esta línea de pensamiento, que se convirtió en la norma en la filosofía y la teología católicas.

Algunos quizás preguntarán: ¿pero la Iglesia católica no defendió en su día la esclavitud del tipo que criticaban Vitoria y Las Casas, y precisamente por motivos de derecho natural? La respuesta es que no, no lo hizo. Es cierto, como ya se ha mencionado, que hubo escritores católicos a título individual que defendieron la esclavitud racial, aunque su posición acabó por desaparecer, prevaleciendo las posturas de pensadores como Vitoria y Las Casas. Pero no es cierto que la Iglesia, como institución, defendiera en ningún momento ese tipo de esclavitud.

Hay que tener en cuenta que la palabra «esclavitud» es ambigua. En lo que solemos pensar cuando oímos el término hoy en día es en el tipo de «esclavitud mobiliaria» del tipo practicado en Estados Unidos antes de la Guerra Civil, que implicaba la completa propiedad sobre otra persona, como si ésta fuera un animal o un objeto inanimado, y en la que la persona esclavizada es inocente de cualquier delito y ha sido despojada de su libertad en contra de su voluntad. Esto es siempre intrínsecamente malo y la Iglesia nunca lo ha defendido. Hay, sin embargo, otras prácticas que a veces se etiquetan de modo más o menos vago como «esclavitud» pero que son muy diferentes de la «esclavitud mobiliaria». Por ejemplo, existe la «servidumbre por contrato», que consiste en un contrato por el que se cede el derecho al propio trabajo a otra persona durante un periodo prolongado de tiempo, por ejemplo, en pago de una deuda. Y existe la «servidumbre penal», que consiste en obligar a alguien a trabajar como castigo por un delito. La «servidumbre por contrato» viene a ser una versión extrema de un contrato de trabajo ordinario, y la «servidumbre penal» es una extensión de la pérdida de libertad a la que un preso castigado justamente ya ha sido condenado.

Los teólogos católicos han considerado desde hace mucho tiempo que tales prácticas son tan peligrosas desde un punto de vista moral y, en particular, que plantean un peligro lo suficientemente grave de degenerar en esclavitud para que, en la práctica, no deban emplearse. Pero son estas prácticas (y no la esclavitud) las que la Iglesia no condena como intrínsecamente inmorales. En cuanto a la trata de esclavos moderna y a la práctica de la «esclavitud mobiliaria», la Iglesia y los papas las han condenado sistemáticamente, comenzando al menos desde el siglo XV.[8] Por ejemplo, en la bula *Sicut Dudum* de 1435, el papa Eugenio IV

---

[8] Joel S. Panzer, *The Popes and Slavery* (New York: Alba House, 1996), y Eppstein, *The Catholic Tradition*, cap. 15.

condenó la esclavitud de los pueblos de las recién colonizadas Islas Canarias. Ya hemos visto que el papa Pablo III condenó la esclavitud de los indios americanos y de otros pueblos en 1537 en *Sublimis Deus*, y en otro documento (*Pastorale Officium*) impuso pena de excomunión por tales acciones.[9] En la bula *Cum Sicuti* de 1591, el papa Gregorio XIV condenó la esclavitud de los nativos de Filipinas, imponiendo también a esta acción pena de excomunión.

En su bula *Commissum Nobis* de 1639, el papa Urbano VIII reafirmó las enseñanzas del papa Pablo III contra la esclavitud de los indios, incluida la pena de excomunión. En 1686, bajo el beato papa Inocencio XI, la Congregación del Santo Oficio condenó la esclavitud de los negros africanos y enseñó que los que habían sido esclavizados de este modo debían ser liberados e indemnizados por los que los habían esclavizado. En 1741, en *Immensa Pastorum*, el papa Benedicto XIV se quejó de que algunos en Brasil estaban desobedeciendo las prohibiciones de esclavizar a los indios que habían sido dictadas por sus predecesores. Reiteró las enseñanzas de Pablo III y Urbano VIII, y extendió la pena de excomunión incluso a aquellos que se atrevieran a disentir de sus enseñanzas.

El papa Gregorio XVI, en el documento *In Supremo* de 1839, condenó la esclavitud de indios y negros y prohibió terminantemente cualquier discrepancia, en público o en privado, al enseñar o al escribir, respecto de las enseñanzas de la Iglesia sobre esta cuestión.[10] Una Instrucción de 1866 del Santo Oficio bajo el

---

[9] *Pastorale Officium* fue retirada por el papa por razones políticas al año siguiente, pero como señala Panzer, la pena de excomunión fue restaurada por los sucesores del papa Pablo III, empezando por Urbano VIII. *The Popes and Slavery*, 33; 65–66.

[10] En ocasiones se afirma que Gregorio sólo condenaba la trata de esclavos y no la esclavitud en sí, pero, como muestra Panzer, está claro que no es así. Por ejemplo, Gregorio advierte: «nadie en el futuro se atreva a molestar injustamente, despojar de sus posesiones o reducir a la esclavitud a indios, negros u otros pueblos semejantes [...]» *The Popes*

beato papa Pío IX, aunque permitía la servidumbre de los tipos anteriormente mencionados (como la servidumbre por contrato y la servidumbre penal), prohibía la esclavitud de quien hubiera sido «privado injustamente de su libertad» y afirmaba el derecho de tal esclavo a huir.[11] En 1888, en *In Plurimis*, el papa León XIII celebró la abolición de la esclavitud en Brasil y reiteró las enseñanzas de sus predecesores sobre el tema, y en *Catholicae Ecclesiae*, en 1890, fundamentó la oposición de la Iglesia a la esclavitud en el origen común de todos los seres humanos, así como en su llamada común a la salvación.

Por eso, cuando el Concilio Vaticano II condenó la esclavitud en la constitución pastoral *Gaudium et Spes* de 1965, no se trató de ninguna novedad ni de ninguna puesta al día de la Iglesia para adaptarse a la moral secular ilustrada. Por el contrario, fue simplemente una continuación de lo que la Iglesia ya llevaba enseñando de forma consistente desde hacía más de cinco siglos.[12]

---

and Slavery, 46–48.

[11] Como señala Panzer, aunque se puede lamentar que esta Instrucción del Santo Oficio no fuera más sensible a los graves peligros morales de la servidumbre por contrato, la servidumbre penal y similares, sería intelectualmente deshonesto ignorar la distinción entre estas formas de servidumbre y la esclavitud que la Iglesia ha condenado sistemáticamente, y pretender que la Instrucción permitía esta última. Ibid., 55–56.

[12] En ocasiones se ha afirmado que la bula *Dum Diversas* de 1452 del papa Nicolás V acepta la legitimidad de la esclavitud. Pero no es así. Lo que Nicolás permitía allí era la servidumbre penal como castigo contra un enemigo en el contexto de una guerra justa. Ciertamente, esto puede ser desafortunado, pero no es incoherente con la letra (aunque no encaje bien con el espíritu) de las enseñanzas del predecesor de Nicolás, Eugenio IV, y de sus sucesores Pablo III, Gregorio XIV, Urbano VIII, etc. Para un análisis de *Dum Diversas*, véase Richard Raiswell, «*Nicholas V, Papal Bulls of*», en Junius P. Rodriguez, ed., *The Historical Encyclopedia of World Slavery*, vol. 2 (Santa Barbara, Calif.: ABC-CLIO, 1997), 469.

3

Los derechos y deberes de las naciones y de los inmigrantes

El Magisterio de la Iglesia contra el racismo es inequívoco, está profundamente arraigado en su teología y ha sido reiterado sistemáticamente en su Tradición. No necesita que el mundo secular moderno le dé lecciones sobre esta cuestión. Tal y como escribió el papa Pío XI en *Divini Redemptoris*:

> los enemigos de la Iglesia... la acusan de no haber sabido obrar de acuerdo con sus principios, y por esto afirman que hay que buscar otros caminos. Toda la historia del cristianismo demuestra la falsedad y la injusticia de esta acusación. Porque, limitando nuestra breve exposición a algún hecho histórico característico, ha sido el cristianismo el primero en proclamar, en una forma y con una amplitud y firmeza hasta entonces desconocidas, la verdadera y universal fraternidad de todos los hombres, de cualquier condición y estirpe, contribuyendo así poderosamente a la abolición eficaz de la esclavitud, no con revoluciones sangrientas, sino por la fuerza intrínseca de su doctrina (35).

En todo caso, es la enseñanza de la Iglesia la que corrige la superficialidad de gran parte del pensamiento secular contemporáneo sobre el tema del racismo.

Uno de los aspectos en los que esto es cierto tiene que ver con las cuestiones relativas a las lealtades nacionales y a la inmigración. En el debate social y político contemporáneo se lanzan rutinariamente acusaciones de racismo contra cualquiera que defienda la preservación del patrimonio religioso, cultural y lingüístico de una nación en aras de proteger su identidad nacional, especialmente si esto va unido a la inquietud por la llegada masiva de inmigrantes o por la presencia de inmigrantes que entran ilegalmente en un país. Por supuesto que las actitudes racistas pueden inspirar hostilidad hacia los inmigrantes y un excesivo apego hacia la propia nación. Sin embargo, sería gravemente injusto y poco caritativo atribuir por reflejo al racismo todas aquellas expresiones de preocupación acerca de la identidad nacional y la inmigración. Además, sería contrario a la enseñanza, clara y coherente, de la Iglesia.

La Iglesia ha reconocido siempre que un apego especial a la propia nación y a su cultura no es en absoluto un prejuicio irracional. Al contrario, es algo natural en el ser humano, una prolongación de nuestro apego innato hacia la familia. Santo Tomás de Aquino enseña que el patriotismo es una virtud moral y una prolongación de la piedad que les debemos a nuestros propios padres.[13] Asimismo, el *Catecismo de la Iglesia Católica* enseña que el cuarto mandamiento, que nos ordena honrar a nuestros padres y madres, «se extiende a los deberes de… los ciudadanos respecto a su patria, a los que la administran o la gobiernan» (2199), y que «El amor y el servicio de la *patria* forman parte del deber de gratitud y del orden de la caridad» (2239).

En su libro *Memoria e identidad*, el papa San Juan Pablo II señaló que los ciudadanos de los países modernos de Europa Occidental suelen tener «reservas» sobre la noción de «identidad nacional expresada a través de la cultura», e incluso «están hoy en un periodo que podría definirse como de "post-identidad"».[14] Existe «una tendencia generalizada al incremento de estructuras supranacionales e incluso al cosmopolitismo»[15] en el que «las

---

[13] *ST* II-II. 101.1.
[14] Juan Pablo II, *Memoria e Identidad*, traducción de Bogdan Piotrowski, 40.
[15] Ibid., 31.

naciones pequeñas deberían dejarse absorber por estructuras políticas más grandes».[16] Sin embargo, el Papa señaló que la desaparición de la nación sería contraria al orden natural de las cosas tal y como lo entiende la Iglesia:

> Sin embargo, parece que, como sucede con la familia, también la nación y la patria siguen siendo realidades insustituibles. La doctrina social católica habla en este caso de sociedades «naturales», para indicar un vínculo particular, tanto de la familia como de la nación, con la naturaleza del hombre, la cual tiene carácter social. Las vías principales de la formación de cualquier sociedad pasan por la familia, y sobre esto no caben dudas. Y podría hacerse una observación análoga también sobre la nación.[17]

En particular, dice el Papa, la nación y el patrimonio cultural que la define no pueden ser sustituidos por meras instituciones políticas o vínculos jurídicos entre personas:

> Con el término nación se quiere designar una comunidad que reside en un territorio determinado y que se distingue de las otras por su propia cultura. La doctrina social católica considera tanto la familia como la nación sociedades naturales y, por tanto, no como fruto de una simple convención. Por eso, en la historia de la humanidad nada las puede reemplazar. No se puede, por ejemplo, sustituir la nación con el Estado, si bien la nación tiende por su naturaleza a constituirse en Estado, como lo demuestra la historia de cada una de las naciones europeas y la propia historia polaca… Menos aún se puede identificar la nación con la llamada sociedad democrática, porque se trata de dos órdenes diferentes aunque relacionados entre sí. Una sociedad democrática es más cercana al Estado que a la nación. No obstante, la nación es el suelo sobre el que nace el Estado.[18]

---

[16] Ibid., 31.
[17] Ibid., 31.
[18] Ibid., 32.

Puesto que, como enseña el *Catecismo*, «toda comunidad humana necesita una autoridad que la rija» (1898), la autoridad del Estado es de modo natural propia de la comunidad humana que es la nación. Juan Pablo II continúa diciendo: «La cuestión del sistema democrático, en cierto sentido, es una cuestión sucesiva, que pertenece al campo de la política interna».[19] Por tanto, puesto que la nación es el fundamento natural sobre el que se construyen el Estado y la democracia, difícilmente pueden estos existir sin ella, como tampoco puede existir una casa sin sus cimientos.

Así pues, el amor a la patria sigue siendo, hoy como ayer, algo a lo que la propia nación tiene derecho. El Papa escribe:

> Si se pregunta por el lugar del patriotismo en el decálogo, la respuesta es inequívoca: es parte del cuarto mandamiento, que nos exige honrar al padre y a la madre. Es uno de esos sentimientos que el latín incluye en el término *pietas*, resaltando la dimensión religiosa subyacente en el respeto y veneración que se debe a los padres, porque representan para nosotros a Dios Creador. Al darnos la vida, participan en el misterio de la creación y merecen por tanto una devoción que evoca la que rendimos a Dios Creador. El patriotismo conlleva precisamente este tipo de actitud interior, desde el momento que también la patria es verdaderamente una madre para cada uno. El patrimonio espiritual que nos transmite nos llega a través del padre y la madre, y funda en nosotros el deber de la *pietas*.
>
> Patriotismo significa amar todo lo que es patrio: su historia, sus tradiciones, la lengua y su misma configuración geográfica. Un amor que abarca también las obras de los compatriotas y los frutos de su genio. Cualquier amenaza al gran bien de la patria se convierte en una ocasión para verificar este amor.[20]

Como todos los afectos, el amor a la patria puede llegar a ser excesivo, hasta el punto del desprecio hacia otras naciones o in-

---

[19] Ibid., 32.
[20] Ibid., 31.

cluso de la idolatría. «Nacionalismo» es la etiqueta que se suele poner a ese amor desordenado a la patria (aunque es importante señalar que en ciertas ocasiones y contextos a veces esta palabra se usa como sinónimo de «patriotismo», sin que entrañe peligro alguno). La Iglesia advierte contra tales excesos. En la *Populorum Progressio*, el papa San Pablo VI condenó el soberbio orgullo de un nacionalismo que excluyera el amor «a todos los miembros de la familia humana» (62), y en *Mit Brennender Sorge*, el papa Pío XI condenó el diabólico nacionalismo de la Alemania nazi. Pero las virtudes son medios entre extremos, y del mismo modo que uno puede mostrar demasiado apego a su nación, también puede mostrar demasiado poco. El patriotismo es el adecuado término medio y quienes lo rechazan en nombre del cosmopolitismo o del internacionalismo no siguen más las enseñanzas de la Iglesia que quienes se van al extremo opuesto erróneo de hacer de la propia nación un ídolo.

En línea con esta enseñanza tradicional, el *Compendio de la Doctrina Social de la Iglesia* afirma que, aunque las naciones deben evitar «toda violación de los derechos humanos fundamentales y, en particular, la opresión de las minorías», al mismo tiempo,

> La Nación tiene «un derecho fundamental a la existencia»; a la «propia lengua y cultura, mediante las cuales un pueblo expresa y promueve su "soberanía" espiritual »; a «modelar su vida según las propias tradiciones» y a «construir el propio futuro proporcionando a las generaciones más jóvenes una educación adecuada» (157).

Este derecho tiene implicaciones para las comunidades minoritarias. En la encíclica *Pacem in Terris*, el papa San Juan XXIII insistió en que las naciones traten con justicia a las comunidades étnicas minoritarias, «especialmente en lo tocante a su lengua, cultura, tradiciones, recursos e iniciativas económicas» (96). Pero también advirtió que las comunidades minoritarias tienen la obligación de respetar e integrarse en la cultura de la nación en la que residen:

Hay que advertir, sin embargo, que estas minorías étnicas, bien por la situación que tienen que soportar a disgusto, bien por la presión de los recuerdos históricos, propenden muchas veces a exaltar más de lo debido sus características raciales propias, hasta el punto de anteponerlas a los valores comunes propios de todos los hombres, como si el bien de la entera familia humana hubiese de subordinarse al bien de una estirpe. Lo razonable, en cambio, es que tales grupos étnicos reconozcan también las ventajas que su actual situación les ofrece, ya que contribuye no poco a su perfeccionamiento humano el contacto diario con los ciudadanos de una cultura distinta, cuyos valores propios puedan ir así poco a poco asimilando. Esta asimilación sólo podrá lograrse cuando las minorías se decidan a participar amistosamente en los usos y tradiciones de los pueblos que las circundan; pero no podrá alcanzarse si las minorías fomentan los mutuos roces, que acarrean daños innumerables y retrasan el progreso civil de las naciones (97).

Es precisamente a la luz de estos principios que se debe entender la cuestión de la inmigración. El *Catecismo* enseña:

Las naciones más prósperas tienen el deber de acoger, en cuanto sea posible, al *extranjero* que busca la seguridad y los medios de vida que no puede encontrar en su país de origen. Las autoridades deben velar para que se respete el derecho natural que coloca al huésped bajo la protección de quienes lo reciben.

Las autoridades civiles, atendiendo al bien común de aquellos que tienen a su cargo, pueden subordinar el ejercicio del derecho de inmigración a diversas condiciones jurídicas, especialmente en lo que concierne a los deberes de los emigrantes respecto al país de adopción. El inmigrante está obligado a respetar con gratitud el patrimonio material y espiritual del país que lo acoge, a obedecer sus leyes y contribuir a sus cargas (2241).

Por un lado, el *Catecismo* dice que una nación próspera debe acoger a los inmigrantes, especialmente a los necesitados. Este es un tema en el que el papa Francisco ha puesto un especial énfasis. El Santo Padre ha instado a las naciones a abrirse a «los refugiados que huyen del hambre, de la guerra y de otros graves peligros», señalando:

> Jesús está presente en cada uno de ellos, obligado —como en tiempos de Herodes— a huir para salvarse. Estamos llamados a reconocer en sus rostros el rostro de Cristo, hambriento, sediento, desnudo, enfermo, forastero y encarcelado, que nos interpela.[21]

Llamando la atención sobre la variedad de dificultades a las que se enfrentan los inmigrantes, el Papa señala que «despiertan una gran preocupación sobre todo las situaciones en las que la migración no es sólo forzada, sino que se realiza incluso a través de varias modalidades de trata de personas y de reducción a la esclavitud».[22] Francisco también ha condenado el uso de los inmigrantes como chivos expiatorios, lamentando que:

> En este escenario, las personas migrantes, refugiadas, desplazadas y las víctimas de la trata, se han convertido en emblema de la exclusión porque, además de soportar dificultades por su misma condición, con frecuencia son objeto de juicios negativos, puesto que se las considera responsables de los males sociales.[23]

El Papa ha instado a que, cuando se acoja a inmigrantes, «se promueva siempre la integridad de la familia, apoyando las reunificaciones familiares -incluidos abuelos, nietos y hermanos».[24]

---

[21] Mensaje del Papa Francisco para la 106 Jornada Mundial del Migrante y del Refugiado (13 de mayo de 2020).

[22] Mensaje de Su Santidad el Papa Francisco para la 99 Jornada Mundial del Migrante y del Refugiado (5 de agosto de 2013).

[23] Mensaje del Papa Francisco para la 105 Jornada Mundial del Migrante y del Refugiado (30 de abril de 2019).

[24] Mensaje de Su Santidad el Papa Francisco para la 103 Jornada Mundial del Migrante y del Refugiado (15 de agosto de 2017).

Ha subrayado repetidamente que una actitud adecuada hacia los inmigrantes «puede articularse con cuatro verbos: acoger, proteger, promover e integrar».[25]

Por otra parte, el *Catecismo* deja claro que el deber de acoger a los inmigrantes no implica que una nación tenga la obligación de acoger a todos los extranjeros que quieran entrar en ella, o que los deba acoger incondicionalmente. Como ya se ha dicho, las naciones están obligadas a acoger a los extranjeros «en la medida de sus posibilidades». Los inmigrantes están obligados «a respetar [...] el patrimonio espiritual» de la nación a la que llegan, «a obedecer sus leyes y contribuir a sus cargas». El *Catecismo* no aboga por las fronteras abiertas, no enseña que las naciones deban tolerar la inmigración ilegal y no ignora la importancia de las consideraciones culturales en las políticas migratorias. También el papa Francisco ha afirmado que «quienes llegan [...] tienen el deber de no cerrarse a la cultura y a las tradiciones del país de acogida, respetando sobre todo sus leyes».[26] Y ha reconocido que:

> La presencia de los emigrantes y de los refugiados interpela seriamente a las diversas sociedades que los acogen. Estas deben afrontar los nuevos hechos, que pueden verse como imprevistos si no son adecuadamente motivados, administrados y regulados.[27]

Del mismo modo, en 2001 el papa Juan Pablo II reconoció que incluso «los países muy desarrollados no siempre son capaces de asimilar a todos los que emigran», y que aunque la Iglesia afirma firmemente el derecho a emigrar, «ciertamente, el ejercicio de tal derecho debe ser regulado, porque practicarlo indiscriminadamente puede hacer daño y ser perjudicial para el bien común

---

[25] Discurso de Su Santidad el Papa Francisco a los participantes en el Foro sobre «Migración y paz» (21 de febrero de 2017). El papa ha reiterado estos cuatro temas en declaraciones posteriores.

[26] Ibid.

[27] Mensaje del Papa Francisco para 102 Jornada Mundial del Migrante y del Refugiado (12 de septiembre de 2015).

de la comunidad que acoge al emigrante».[28] En 1995 enfatizó la necesidad de acoger a los inmigrantes, de tener en cuenta las peligrosas circunstancias de las que a veces huyen y de evitar toda actitud racista y xenófoba. Al mismo tiempo, reconoció que «las migraciones están asumiendo los rasgos de una emergencia social, sobre todo a causa del aumento de los *emigrantes ilegales*» y que el problema es «delicado y complejo».[29] Afirmó también que «hay que prevenir la inmigración ilegal» y que una de las razones por las que es problemática es que «la oferta de mano de obra extranjera se está volviendo excesiva en comparación con las necesidades de la economía, que ya tiene dificultades para absorber a sus trabajadores domésticos»; en algunos casos puede ser necesario aconsejar a los inmigrantes «que busquen acogida en otros países, o que regresen a su propio país».[30] Como ha dicho el papa Francisco, mientras que las naciones trabajan juntas para hacer frente a la difícil situación de los inmigrantes,

> Es importante subrayar además cómo esta colaboración comienza ya con el esfuerzo que cada país debería hacer para crear mejores condiciones económicas y sociales en su patria, de modo que la emigración no sea la única opción para quien busca paz, justicia, seguridad y pleno respeto de la dignidad humana. Crear oportunidades de trabajo en las economías locales, evitará también la separación de las familias y garantizará condiciones de estabilidad y serenidad para los individuos y las colectividades.[31]

Tales consideraciones no tienen nada que ver con una supuesta hostilidad o insensibilidad hacia los emigrantes, sino más bien

---

[28] Mensaje del Santo Padre para la 87 Jornada Mundial del Migrante (2 de febrero de 2001), no. 3.

[29] *Inmigrantes indocumentados* (Mensaje del Papa Juan Pablo II para la Jornada Mundial del Migrante) (25 de julio de 1995), núms. 1 y 5.

[30] Ibid., núms. 2 y 4.

[31] Mensaje del Papa Francisco para la Jornada Mundial del Emigrante y del Refugiado 2014 (5 de agosto de 2013).

con el hecho de que, cuando los recursos son limitados, nuestro primer deber es hacia aquellos con quienes tenemos vínculos y obligaciones especiales, tanto en el caso de nuestros propios compatriotas como en el caso de nuestras propias familias. Como enseña Santo Tomás de Aquino:

> Escribe San Agustín que no podemos ayudar a todos. Pero la virtud no induce a lo imposible. Luego no es menester beneficiar a todos... De ahí que, abarcando a todos la caridad, a todos debe extenderse también la beneficencia, teniendo siempre en cuenta las circunstancias de lugar y tiempo, dado que todo acto virtuoso debe atenerse a los límites exigidos por las circunstancias... Pues bien, entra en el orden de la naturaleza que cualquier agente de la misma desarrolle su acción ante todo y sobre todo entre lo que está más cerca, como el fuego calienta más a las cosas más cercanas. De la misma manera, Dios difunde los dones de su bondad antes y de manera más abundante sobre las cosas más cercanas a Él... Ahora bien, hacer beneficios es acto de caridad para con otros. Es, por lo mismo, un deber ser más benéficos con los más allegados.
>
> Pero el allegamiento entre las personas puede ser considerado desde diferentes puntos de vista, según los distintos géneros de relaciones que las ponen en comunicación; así tenemos: los consanguíneos, en la comunicación natural; los conciudadanos, en la civil; los fieles, en la espiritual, y así sucesivamente. A tenor, pues, de esa diversidad de uniones se han de dispensar los distintos beneficios, ya que, absolutamente hablando, a cada uno se le debe otorgar el beneficio que corresponda a lo que más nos una [...] debe quedar claro que, en igualdad de condiciones, deben tener prioridad los más allegados a nosotros.[32]

Las consideraciones culturales no son menos relevantes que las económicas a la hora de ajustar las políticas de inmigración de forma que preserven el bienestar de la nación, ya que una na-

---

[32] *ST* II-II. 31.3.

ción no es simplemente una población situada en un territorio geográfico determinado. Está unida, como subrayó el papa Juan Pablo II, por una historia común, tradiciones, costumbres, lengua, etc., y la ruptura de estos lazos culturales puede, por tanto, amenazar su unidad. Por este motivo Santo Tomás enseñó que un Estado debe ser precavido a la hora de admitir en su seno a un gran número de extranjeros no asimilados. En *De Regno*, argumenta que puede ser perjudicial para los asuntos civiles cuando el comercio da lugar a una población de extranjeros que residen continuamente en un país y con la que «es necesario tener que tratar continuamente, […] porque es inevitable que los extranjeros, educados bajo otras leyes y costumbres, actúen en muchos casos de manera diferente de lo que establecen las costumbres de los ciudadanos; y así, puesto que los ciudadanos se ven arrastrados por su ejemplo a actuar de modo similar, los asuntos civiles se ven perturbados».[33] Del mismo modo, escribiendo sobre el antiguo Israel, el Aquinate observa con aprobación en la *Suma Teológica*:

> Cuando algunos extranjeros pretendían incorporarse totalmente a la nación hebrea y abrazar su religión, en esto había que guardar su orden, porque no eran recibidos al instante; como en algunas naciones de gentiles se establecía que no fueran reconocidos como ciudadanos los que no tuviesen esta dignidad de sus abuelos o bisabuelos… La razón de esto era que, si luego que llegasen fuesen admitidos los extraños a tratar los negocios del pueblo, pudieran originarse muchos peligros; pues, no estando arraigados en el amor del bien público, podrían atentar contra el pueblo.[34]

Lo que estos fragmentos implican es que un flujo demasiado libre de población a través de las fronteras puede diluir la lealtad a las normas y a la cultura compartida de una nación y, por tan-

---

[33] Tomás de Aquino, *De Regno*, Libro 2, capítulo 3.
[34] *ST* I-II. 105.3.

to, amenazar la unidad nacional. Los propios ciudadanos de una nación, por deferencia a los extranjeros, pueden sentirse menos inclinados a defender sus normas y su cultura y, por tanto, menos apegados a su propia nación; por su parte, los extranjeros pueden sentirse menos incentivados a adoptar o respetar esas normas y cultura y, en consecuencia, ser menos propensos a integrarse en la familia extensa de la nación que los acoge.

Un ejemplo contemporáneo del primer tipo de fenómeno es el auge de lo que el filósofo Roger Scruton denomina «oikofobia», o repudio de la propia nación, evidente en los occidentales que desdeñan el patriotismo y denuncian con rencor a sus propios países y civilización como inherentemente racistas y opresivos[35] (véase el análisis de la Teoría Crítica de la Raza en los capítulos siguientes). Un ejemplo del segundo tipo de fenómeno sería la existencia en las ciudades europeas de enclaves o guetos de inmigrantes en los que el resto de la población no es bienvenida, rige la *sharía* y se fomenta el radicalismo islámico. Ambos tipos de fenómenos pueden provocar una reacción xenófoba entre los ciudadanos que temen que la unidad nacional se vea amenazada. La enseñanza del Aquinate implica que es legítimo que las autoridades públicas adopten políticas de inmigración orientadas a mitigar esos problemas potenciales.

Estos ejemplos, junto con las declaraciones sobre la integración cultural hechas por los papas recientes y por el *Catecismo* citadas anteriormente, demuestran que estas consideraciones siguen siendo tan pertinentes para aplicar las enseñanzas de la Iglesia hoy como lo eran en tiempos de Santo Tomás. De hecho, como reconoce el documento de 1988 *La Iglesia ante el racismo*:

> Pertenece, sin duda, a los poderes públicos, responsables del bien común, determinar la proporción de refugiados o inmigrantes que el país acoge, atendidas las posibilidades de empleo y las perspectivas de desarrollo, pero también la urgencia de las nece-

---

[35] Roger Scruton, *The Need for Nations* (London: Civitas, 2004), capítulo 8.

sidades de otros pueblos. El Estado cuidará igualmente que no se creen situaciones de grave desequilibrio social, acompañadas por fenómenos sociológicos de rechazo como puede ocurrir cuando una excesiva concentración de personas de diferente cultura es percibida como una amenaza directa a la identidad y las costumbres de la comunidad de acogida (29).

Del mismo modo, reconociendo la preocupación por las potenciales fricciones culturales entre las comunidades de inmigrantes y los ciudadanos de los países que las acogen, el papa San Juan Pablo II señaló que:

> Si se fomenta una integración gradual entre todos los inmigrantes, respetando su identidad y, al mismo tiempo, salvaguardando el patrimonio cultural de las poblaciones que los acogen, se corre menos riesgo de que los inmigrantes se concentren formando auténticos «guetos», aislándose del contexto social y acabando a veces por alimentar incluso el deseo de conquistar gradualmente el territorio.[36]

También el papa Benedicto XVI reconoció que los países de acogida tienen una «legítima preocupación por la seguridad y la coherencia social», por lo que «los Estados tienen derecho a regular los flujos migratorios y a defender sus propias fronteras» y «los inmigrantes, además, tienen el deber de integrarse en el país de acogida, respetando sus leyes y su identidad nacional».[37] Y el papa Francisco, no obstante su especial preocupación por los inmigrantes y refugiados, también ha dicho

> Entonces, ¿qué es lo que pienso de los países que cierran sus fronteras? Creo que en teoría no se puede cerrar el corazón a un

---

[36] Mensaje del Papa Juan Pablo II para la Jornada Mundial del Emigrante y del Refugiado 2004 (15 de diciembre de 2003), no. 5.

[37] Mensaje de Su Santidad el Papa Benedicto XVI para la 97 Jornada Mundial del Migrante y del Refugiado (27 de septiembre de 2010).

refugiado, pero se necesita también la prudencia de los gobernantes; deben estar muy abiertos para recibirlos, pero también para calcular bien cómo organizarlos, porque no sólo se debe recibir a un refugiado, sino que también se le debe integrar. Y si un país tiene capacidad de integrar sólo a veinte, por decirlo así, pues que haga hasta ahí. Otro, puede más, pues que haga más. Pero siempre con el corazón abierto. No es humano cerrar las puertas, no es humano cerrar el corazón, y a largo plazo, esto se paga. Se paga políticamente; así como también se puede pagar políticamente una imprudencia en los cálculos, recibiendo a más de los que se puede integrar. Porque, ¿qué sucede cuando un refugiado o un emigrante —y esto vale para ambos— no se integra, no está integrado? Me permito usar esta palabra —tal vez sea un neologismo—, se *guetiza*, es decir, entra en un gueto. Y una cultura que no se desarrolla en relación con otra cultura, es peligroso... En estos días he hablado con un funcionario del gobierno sueco, y me contaba algunas dificultades de este momento —esto vale para su última pregunta—, algunas dificultades porque son muchos los que vienen y no da tiempo a ayudarles, a encontrarles escuela, una casa, trabajo, que aprendan el idioma. La prudencia debe hacer este cálculo.[38]

Las consideraciones económicas y culturales que han mencionado los papas no tienen nada que ver con la raza. Tampoco anulan en modo alguno la enseñanza de la Iglesia sobre la obligación de acoger y ayudar al extranjero. Se trata simplemente de que la propia Iglesia reconoce que una nación tiene derecho a poner condiciones a la inmigración para proteger su propio bienestar. El modo mejor de equilibrar las necesidades de los inmigrantes y los intereses de la nación receptora y de su pueblo puede ser, en algunas circunstancias concretas, una cuestión difícil sobre la que los católicos de buena voluntad pueden razonablemente discrepar. Por tanto, es injusto, poco caritativo y contrario a las

---

[38] Conferencia de prensa del Papa Francisco durante el vuelo de regreso de Suecia a Roma (1 de noviembre de 2016).

enseñanzas de la Iglesia rechazar por principio toda preocupación o inquietud sobre la identidad nacional y las consecuencias económicas y culturales de la inmigración, como si estuvieran motivadas por el racismo o por otras formas de prejuicio.

Es cierto que, por supuesto, puede existir quien trate de distorsionar este aspecto de la enseñanza de la Iglesia e intente usarlo para justificar el racismo y la xenofobia. Pero esto es un motivo más para presentar la enseñanza de la Iglesia en toda su extensión y de forma precisa, no para ignorarla. Parafraseando a G. K. Chesterton, oponerse a la inquietud patriótica por la identidad nacional alegando que a veces se utiliza para encubrir la hostilidad hacia los extranjeros es como oponerse al amor romántico alegando que a veces ha llevado a un amante celoso a asesinar a su rival.[39] Debemos oponernos enérgicamente a todo abuso de una enseñanza, pero siempre defendiendo la propia enseñanza.

Además, el peligro no va en una sola dirección. Es cierto que nunca debemos permitir que las enseñanzas de la Iglesia sobre el patriotismo y los derechos de una nación a proteger su identidad cultural sirvan de excusa para el racismo y la xenofobia. Pero tampoco debemos permitir que las falsas acusaciones de racismo y xenofobia sirvan de excusa para ignorar la enseñanza de la Iglesia sobre el patriotismo y los derechos de una nación a proteger su identidad cultural.

Algunos católicos podrían preguntarse si, a estas alturas, el barco ya ha zarpado del puerto: si la doctrina tradicional de la Iglesia sobre la nación está ya desfasada y debe abandonarse en vista del auge de las empresas multinacionales y de la economía global, del poder de instituciones supranacionales como la Organización Mundial del Comercio y la Unión Europea, de la extensión de ideas y políticas multiculturalistas, etc. Pero esto es como decir que la doctrina de la Iglesia sobre la moral sexual está desfasada y debe abandonarse en vista de la extensión del

---

[39] Citado en Scruton, *The Need for Nations*, 3. El abuso concreto del patriotismo que el propio Chesterton tenía en mente era cuando se utilizaba como excusa para el belicismo.

aborto, el divorcio, el adulterio, la homosexualidad, la anticon-
cepción, etc. La Iglesia tiene el deber de presentar la *totalidad* de
su doctrina, no sólo aquellos aspectos de la misma que la gente
moderna está dispuesta a seguir o que son inofensivos para las
opiniones seculares más extendidas. De hecho, son precisamente
los aspectos menos populares de su doctrina los que el mundo
secular tiene más necesidad de escuchar.

Es más, el reciente resurgimiento de movimientos populistas
y antiglobalistas en Europa y Estados Unidos demuestra que la
enseñanza tradicional de la Iglesia sobre el patriotismo y la nación es especialmente relevante hoy en día. Como enseñó el papa
Juan Pablo II, la nación es una institución natural y el sentido de
lealtad nacional satisface una necesidad humana natural. Cuando
esa necesidad no se satisface de forma saludable, la gente tratará
de satisfacerla de cualquier otra forma. Y cuando los gobiernos
ignoran las preocupaciones legítimas sobre la identidad nacional
y los intereses económicos de la clase trabajadora, rechazando
indiscriminadamente todas las expresiones de dichas inquie-
tudes como si fueran racistas o intolerantes, aumenta, en lugar
de disminuir, la probabilidad del tipo de reacción xenófoba que
intentan evitar. Como explicaba Chesterton: «Lo que realmente necesitamos para frustrar y derribar un patrioterismo sordo y
estridente es el renacimiento del amor a la tierra natal. Cuando
eso ocurra, todos los gritos estridentes cesarán de repente».[40] La
enseñanza de la Iglesia sobre el patriotismo y sobre la nación
como institución natural no es en modo alguno una concesión
al nacionalismo, al racismo o a la xenofobia, sino precisamente
su remedio. Es el sobrio término medio entre estos errores, por
un lado, y el excesivo individualismo y globalismo que tienden a
disolver las lealtades nacionales por el otro.

---

[40] G. K. Chesterton, «In Defence of Patriotism», en *The Defendant*
(London: R. Brimley Johnson, 1901), 167.

4

¿Qué es la Teoría Crítica de la Raza?

Otro ámbito en el que las enseñanzas de la Iglesia proporcionan una necesaria corrección y clarificación es el que se refiere a la ahora de moda Teoría Crítica de la Raza (abreviada como TCR), desarrollada en primer lugar por teóricos académicos del Derecho como Derrick Bell, Alan Freeman y Kimberlé Crenshaw, y popularizada recientemente por los bestsellers *Cómo ser antirracista*, de Ibram X. Kendi, y *Fragilidad blanca*, de Robin DiAngelo, entre otros.[41] Como la TCR se presenta en nombre del «antirracismo», muchos suponen que debe ser algo bueno. Esto es tan ingenuo como pensar que el marxismo debe ser algo bueno puesto que se presenta como defensor de la clase obrera. De hecho, el marxismo ha producido una opresión aún peor que la que pretende erradicar. Del mismo modo, en nombre de la lucha contra

---

[41] Ibram X. Kendi, *Cómo ser antirracista* (Vintage, 2020) y Robin DiAngelo, *Fragilidad blanca: Por qué es tan difícil para los blancos hablar de racismo* (Ediciones del Oriente y del Mediterráneo, 2021). Para una visión general de las principales ideas y de la literatura académica, véase Richard Delgado y Jean Stefancic, *Critical Race Theory: An Introduction*, 3rd ed. (New York University Press, 2017). Para una colección de artículos de los pensadores fundadores del movimiento, véase Kimberlé Crenshaw, Neil Gotanda, Gary Peller, y Kendall Thomas, eds., *Critical Race Theory: The Key Writings that Formed the Movement* (The New Press, 1995).

el mal del racismo, la TCR en realidad promueve una nueva e insidiosa forma de racismo. Al igual que el marxismo, la TCR es una grave perversión de la buena causa que dice representar y es totalmente incompatible con la doctrina social católica.

Examinemos primero las principales afirmaciones de la Teoría Crítica de la Raza para considerar después las objeciones filosóficas y sociológicas contra ella, así como las muchas formas en que la TCR entra en conflicto con las enseñanzas de la Iglesia. La afirmación fundamental de la TCR es que el racismo impregna absolutamente todos los recovecos de todas las instituciones sociales y la psique de todos los individuos. Está especialmente arraigado en cada persona blanca, pero infecta incluso el pensamiento de las personas no blancas en la medida en que han aceptado las suposiciones racistas que los blancos tienen acerca de ellos y han consentido las políticas y las instituciones racistas con las que los blancos les oprimen. En consecuencia, un «sistema de prevalencia de los blancos sobre los de color» es, según la TCR, «el modo ordinario en el que funciona la sociedad».[42] «Ningún aspecto de la sociedad», insiste DiAngelo, «está al margen de [...] las fuerzas del racismo».[43] Los no blancos se asfixian bajo un régimen de «poder racista», «privilegio blanco» y, de hecho, «supremacía blanca».[44]

Para los lectores no familiarizados con la TCR, estas frases pueden evocar a ejemplos estereotipados de comportamiento y políticas racistas: las concentraciones del Ku Klux Klan y la quema de cruces, las leyes de Jim Crow que imponían la segregación racial en el sur de los Estados Unidos, el apartheid en Sudáfrica, etc. Dado que esas políticas hace tiempo que fueron abolidas en

---

[42] Delgado y Stefancic, *Critical Race Theory*, 8.

[43] DiAngelo, *Fragilidad blanca*, 13.

[44] Este tipo de expresiones aparecen por doquier en toda la literatura de TCR, pero se puede encontrar en Delgado y Stefancic, *Critical Race Theory*, 85-92 y en DiAngelo, *Fragilidad blanca*, capítulo 2, una exposición extensa sobre cómo son entendidos por quienes promueven la TCR.

Estados Unidos y Sudáfrica, y que el KKK y organizaciones similares son consideradas por una abrumadora mayoría como de dudosa reputación y sólo tienen una influencia muy marginal, hablar de «supremacía blanca» y cosas por el estilo puede parecer, como mínimo, exagerado. Pero este tipo de leyes, organizaciones y actitudes no son lo que los teóricos de la TCR tienen en mente cuando hacen estas afirmaciones. Lo que ellos sostienen es que, incluso las sociedades en las que no se dan tales expresiones abiertas de intolerancia, e incluso los blancos que rechazan explícitamente el racismo, son de hecho racistas, normalmente sin darse cuenta de ello. De hecho, «el racismo [...] impregna cada rincón de nuestra realidad».[45]

¿Cómo se manifiesta este racismo supuestamente omnipresente? Los teóricos de la TCR afirman, en primer lugar, que su presencia es evidente en cualquier «desigualdad» o «disparidad» que exista entre los blancos y los miembros de otros grupos raciales. Por ejemplo, supongamos que el 10% de la población de un determinado país es negra, pero que los negros representan menos del 10% de los médicos o de los agentes de bolsa de ese país. Esto, alegan los autores de la TCR, es una manifestación de racismo. Kendi considera que la mera existencia de esa «desigualdad racial» es el sello distintivo de la «política racista», del «racismo sistémico», del «racismo institucional» o del «racismo estructural», como prefieras llamarlo.[46] Kendi afirma con energía que: «Como antirracista, cuando veo disparidades raciales, veo racismo».[47] DiAngelo sostiene que «atribuir la desigualdad entre blancos y personas de color a causas distintas del racismo» -por ejemplo, sugerir que las diferencias de representación racial

---

[45] DiAngelo, *Fragilidad blanca*, 72. DiAngelo está citando con aprobación aquí a Omowale Akintunde.

[46] Kendi, *Cómo ser antirracista*, 18.

[47] Citado en «'When I See Racial Disparities, I See Racism': Discussing Race, Gender and Mobility», New York Times, 27 de marzo de 2018, https://www.nytimes.com/interactive/2018/03/27/upshot/reader-questions-about-race-gender-and-mobility.html.

en dichas profesiones reflejan diferencias culturales entre grupos raciales o étnicos- es en sí mismo «fomentar el racismo».[48] «Ser antirracista», dice Kendi, «es considerar las desigualdades entre todos los grupos étnicos racializados como un problema de *políticas públicas*» y no de valores culturales, comportamiento o cualquier otro factor.[49] Es sostener que sólo «las políticas determinan el éxito de los grupos» y que «es el poder racista el que crea las políticas que causan las desigualdades raciales».[50]

Según los teóricos críticos de la raza, el racismo también se manifiesta a través de «microagresiones» y «prejuicios implícitos». Una influyente introducción a la teoría crítica de la raza define las «microagresiones» como «pequeños actos de racismo, perpetrados consciente o inconscientemente, que surgen de los supuestos sobre cuestiones raciales que la mayoría de nosotros absorbemos del legado cultural en el que hemos crecido», especialmente en un país como los Estados Unidos.[51] Entre los ejemplos que se citan se encuentra el de una cajera blanca que no sonríe ni entabla conversaciones triviales con un cliente no blanco o el de un peatón blanco que no devuelve el saludo a alguien no blanco que está corriendo y que pasa por su lado. Este tipo de presunto racismo es tan sutil que «suele pasar desapercibido para los miembros de la raza mayoritaria».[52] Sin embargo, Kendi se opone a llamar a este tipo de actos «microagresiones» porque considera el término demasiado suave. En su opinión, sería más preciso describirlos como actos de «abuso racista».[53]

El «prejuicio implícito» se define como «la asociación inconsciente de una idea con otra, como la raza y las cualidades personales, mostrando frecuentemente una actitud negativa».[54]

---

[48] DiAngelo, *Fragilidad blanca*, 43-44.

[49] Kendi, *Cómo ser antirracista*, 64.

[50] Ibid., 94.

[51] Delgado y Stefancic, *Critical Race Theory*, 2.

[52] Ibid., 179.

[53] Kendi, *Cómo ser antirracista*, 47.

[54] Delgado y Stefancic, *Critical Race Theory*, 176.

Por ejemplo, se trataría de «discriminar involuntariamente a las personas de color durante [un] proceso de contratación» o de «sentimientos antinegros que [...] pueden aflorar y de hecho afloran sin que [uno] sea consciente» cuando, por ejemplo, te cruzas con una persona negra por la calle.[55] También en este caso el supuesto racismo es tan sutil que sólo cuando, a través de la TCR, «nuestros ojos antirracistas se abren para ver» podemos percibirlo.[56] De hecho, existe incluso en aquellos que se oponen de forma consciente al racismo y no tienen en cuenta el color de la piel. DiAngelo advierte de «una manifestación de racismo que las personas bienintencionadas que se ven a sí mismas como educadas y progresistas es más probable que tengan» porque «existe bajo la superficie de la conciencia… y entra en conflicto con las creencias que se sostienen conscientemente sobre la igualdad racial y la justicia».[57] Por tanto, el racismo acecha inconscientemente incluso en quienes, según todos los criterios convencionales, serían ejemplos paradigmáticos de personas no racistas. «El lenguaje ciego al color de la piel - como por ejemplo la expresión "no racista"- sería», según Kendi, en realidad, «una máscara para ocultar el racismo».[58]

En opinión de estos teóricos de la TCR, quienes niegan ser racistas sólo confirman que lo son precisamente por negarlo. DiAngelo pone la etiqueta de «fragilidad blanca» a la tendencia de los blancos a ofenderse cuando se les acusa de ser racistas. En su opinión, «la actitud defensiva que se produce ante cualquier insinuación de prejuicio racial… es la clásica fragilidad blanca porque sirve para proteger nuestros prejuicios raciales a la vez que afirma nuestra identidad tolerante y abierta».[59] La fragilidad blanca se manifiesta en quienes responden a la acusación de que son racistas con «argumentaciones» y otras formas de desacuer-

---

[55] DiAngelo, *Fragilidad blanca*, 42 y 90.
[56] Kendi, *Cómo ser antirracista*, 221.
[57] DiAngelo, *Fragilidad blanca*, 43.
[58] Kendi, *Cómo ser antirracista*, 10.
[59] DiAngelo, *Fragilidad blanca*, 42.

do.[60] Su función es servir como «un poderoso medio de control racial blanco y de protección del privilegio blanco».[61] De hecho, osar ofenderse o discrepar del análisis de la TCR es considerado en sí mismo una forma de «intimidación».[62] La realidad, dice DiAngelo, es que a los blancos a los que se les dice que son racistas simplemente se les está «educando» y haciendo «más conscientes del racismo», y la respuesta que deberían dar a los activistas de la TCR que promueven esta educación tendría que ser darles las gracias.[63] «El latido del racismo es la negación», dice Kendi, y «el latido del antirracismo es la confesión».[64]

El origen maligno de este «racismo sistémico», sostienen los teóricos de la TCR, es la «blancura», una «cualidad de las personas o tradiciones euroamericanas o caucásicas».[65] De ahí que un subcampo dentro de la TCR conocido como Estudios Críticos Blancos se dedique al «estudio de la raza blanca», de la «conciencia blanca», del «privilegio blanco» y de la «solidaridad blanca» mediante los cuales se mantiene la «supremacía blanca».[66] Una vez más, el lector desprevenido podría suponer que se están refiriendo al KKK, a los cabezas rapadas neonazis, a los segregacionistas defensores del apartheid y a otros marginales por el estilo, y podría sentirse desconcertado de que alguien pueda pensar que esos racistas tienen mucho poder o influencia hoy en día. Pero una vez más, de lo que hablan los teóricos de la TCR no es de este tipo de personas, sino de un supuesto racismo tan sutil que impregna incluso el pensamiento de quienes se consideran progresistas y contrarios al racismo. La TCR considera este racismo sutil como un iceberg del que las formas extremas de racismo del pasado no serían más que la punta; por lo tanto, la eliminación

---

[60] Ibid., 2 y 101.

[61] Ibid., 2.

[62] Ibid., 112.

[63] Ibid., 125 y 150.

[64] Kendi, *Cómo ser antirracista*, 235.

[65] Delgado y Stefancic, *Critical Race Theory*, 186.

[66] Ibid., 85.

de la segregación y de otras prácticas racistas habría mejorado muy poco las cosas. Bell sostiene que la integración racial y las políticas desplegadas para hacerla realidad sólo se promulgaron en la medida en que beneficiaban a los blancos.[67] Un destacado libro académico que defiende la TCR sostiene que el «privilegio blanco» sigue siendo una característica tan omnipresente de la sociedad estadounidense que, incluso en ausencia de «racismo declarado [...] nuestro sistema de blancos por encima de negros/marrones [...] permanece prácticamente sin cambios [...] de modo que seguimos más o menos como antes».[68] De hecho, DiAngelo afirma que las sutiles formas de racismo que la TCR dice detectar «en cierto modo [...] son más siniestras que las leyes racistas Jim Crow».[69] Además, tampoco es Estados Unidos el único país gobernado por la «supremacía blanca». Según DiAngelo, por medio del poder económico, cultural y militar estadounidense, «la supremacía blanca circula globalmente [y] esta poderosa ideología promueve la idea de la blancura como ideal para la humanidad mucho más allá de Occidente».[70]

La «blancura», afirma DiAngelo, es tan radicalmente maligna que «la antinegritud es fundamental para nuestras propias identidades como blancos».[71] Por lo tanto, mientras que un cierto sentido de identidad racial y solidaridad puede ser saludable para los no blancos, en opinión de DiAngelo «una identidad blanca positiva es un objetivo imposible» porque «la identidad blanca es inherentemente racista [y] los blancos no existen fuera del sistema de supremacía blanca».[72] Por lo tanto, corresponde a los blancos «luchar contra [...] [su] fragilidad blanca» y «esforzarse por

---

[67] Véase Derrick A. Bell, Jr., «*Brown v. Board of Education and the Interest Convergence Dilemma*», en Crenshaw, et al., eds., *Critical Race Theory*, 22–23.

[68] Delgado y Stefancic, *Critical Race Theory*, 90-91.

[69] DiAngelo, *Fragilidad blanca*, 50.

[70] Ibid., 29.

[71] Ibid., 91.

[72] Ibid., 149.

ser "menos blancos"», enfrentándose a su racismo y abandonando su privilegio.[73] Dado que su racismo es tan sutil y profundo, se trata de una «tarea de por vida que es exclusivamente [suya]», y puesto que su «aprendizaje nunca terminará, tampoco terminará la necesidad de pedirles cuentas».[74]

Los blancos necesitan acostumbrarse a la «incomodidad», a sentirse «desarraigados» y a «no comprender» para conseguir la «humildad racial».[75] «[Necesitan] sentir dolor por la brutalidad de la supremacía blanca y [su] papel en ella».[76] A la luz del análisis de la TCR, otra influyente obra concluye: «Ningún miembro blanco de la sociedad parece inocente».[77]

Podría parecer obviamente absurdo atribuir culpa a una persona blanca concreta en ausencia de pruebas de que haya actuado intencionadamente para causar daño a los no blancos o acusarle de ser culpable de las disparidades raciales. Pero los teóricos de la TCR como Freeman afirman que la idea misma de que debamos analizar la cuestión en términos de acciones o personas concretas que puedan identificarse como «causas» o «culpables» refleja la «perspectiva del perpetrador», y en su lugar deberíamos adoptar una «perspectiva de la víctima» que se centre simplemente en la condición de los grupos minoritarios desfavorecidos y no en su causa.[78] Crenshaw insiste en caracterizar los infortunios sufridos por las minorías como «pautas de subordinación», hayan sido o no «producidos intencionadamente».[79]

---

[73] Ibid., 150.

[74] Ibid., 33 y 152.

[75] Ibid., 14.

[76] Ibid., 137.

[77] Delgado y Stefancic, *Critical Race Theory*, 91.

[78] Alan David Freeman, «Legitimizing Racial Discrimination through Antidiscrimination Law: A Critical Review of Supreme Court Doctrine», en Crenshaw, et al., eds., *Critical Race Theory*, 30.

[79] Kimberlé Williams Crenshaw, «Mapping the Margins: Intersectionality, Identity Politics, and Violence against Women of Color», en Crenshaw, et al., eds., *Critical Race Theory*, 359.

¿Qué implica combatir la «blancura» y el «racismo sistémico» en el ámbito de las políticas públicas? Los defensores de la TCR sostienen que «sólo los esfuerzos agresivos y concienciados hacia el color de la piel» en favor de las personas que no son blancas lograrán su objetivo.[80] Esto requerirá discriminación racial a su favor y en contra de los blancos. Bell insiste en que políticas como la igualdad racial y la aplicación de los mismos principios jurídicos abstractos a todo el mundo favorecen en realidad a los blancos.[81] En consecuencia, un teórico de la TCR propone que «los responsables de admisiones descuenten, o penalicen, las puntuaciones de los candidatos blancos» para contrarrestar su «privilegio blanco».[82] Algunos activistas de la TCR debaten incluso si «los blancos [deberían] ser bienvenidos en el movimiento y en sus talleres y congresos».[83] Kendi sostiene que «la discriminación racial no es inherentemente racista» y que, de hecho, «si la discriminación está creando equidad, entonces es antirracista».[84] Y continúa:

> El único remedio a la discriminación racista es la discriminación antirracista. El único remedio a la discriminación pasada es la discriminación presente. El único remedio a la discriminación presente es la discriminación futura.[85]

Es más, dicha discriminación debe continuar en el futuro mientras existan desigualdades raciales, con independencia de si determinadas políticas son eficaces o no para eliminarlas. «Cuando

---

[80] Delgado y Stefancic, *Critical Race Theory*, 27.

[81] Derrick A. Bell, Jr., «Racial Realism», en Crenshaw et al., eds., *Critical Race Theory*, 304 and 307.

[82] Delgado y Stefancic se hacen eco de esta propuesta abiertamente, *Critical Race Theory*, 134.

[83] Ibid., 105.

[84] Kendi, *Cómo ser antirracista*, 19.

[85] Ibid.

las políticas fracasan… hay que empezar de nuevo y buscar nuevos y más eficaces enfoques antirracistas hasta que funcionen».[86]

Para algunos defensores de la TCR también pueden ser necesarios «códigos de lenguaje en los campus» y la posibilidad de denuncias por «responsabilidad civil para los discursos racistas».[87] Algunos abogan por la «criminalización» de dichos discursos y otros por la creación de «un nuevo delito que ofrezca la posibilidad a las supuestas víctimas de ofensas de demandar por daños y perjuicios».[88] Dada la amplitud con la que los teóricos de la TCR definen términos como «racismo» y «ofensa», dicha vigilancia de los discursos está destinada a ser muy amplia. También serán necesarios «boicots económicos» y, de hecho, puede que la transformación antirracista tenga que ser «convulsa y cataclísmica» en vez de ser una «transición pacífica».[89] Si finalmente es así, entonces «los teóricos críticos y los activistas tendrán que proporcionar defensa penal a los movimientos de resistencia y a los activistas y articular teorías y estrategias para esa resistencia».[90]

Los lectores que no estén familiarizados con la Teoría Crítica de la Raza podrían escandalizarse ante tal despliegue de extremismo. Seguramente están acostumbrados a asociar la oposición al racismo con un liberalismo que insiste en respetar los derechos a la libertad de expresión, a la no discriminación, a juzgar a las personas como individuos y no en función de su pertenencia a un grupo, y a la persuasión racional y la reforma legal en lugar de a la coerción. Sin embargo, la TCR es como el marxismo al considerar el liberalismo como insuficientemente radical y, de hecho, como reaccionario. La TCR rechaza «el discurso tradicional de los derechos civiles, que hace hincapié en el incrementalismo y el progreso paso a paso», y en su lugar «cuestiona los fundamentos mismos del orden liberal», incluidas ideas como el «racionalismo

---

[86] Ibid., 232.
[87] Delgado y Stefancic, *Critical Race Theory*, 25.
[88] Ibid., 125.
[89] Ibid., 154-55.
[90] Ibid.

de la Ilustración», los «principios neutrales del derecho constitucional», la «no consideración del color de la piel», la «igualdad de
trato para todas las personas» y los «derechos».[91] Bell sostiene que
estas nociones perjudican en realidad a los negros.[92] DiAngelo
rechaza el «individualismo y la ignorancia del color de la piel»
como «ideologías del racismo», lo mismo que la «objetividad».[93]
«Al contrario de la ideología del individualismo», afirma, «representamos a nuestros grupos y a los que nos han precedido» y «no
vemos a través de ojos objetivos: vemos a través de lentes raciales».[94] Crenshaw sugiere que es políticamente inoportuno que los
negros piensen en sí mismos primariamente como personas (en
contraposición a pensarse primariamente como específicamente
personas negras).[95] Kendi considera que la presión a favor de una
sociedad «neutral desde el punto de vista racial» es, de hecho, «el
movimiento racista más amenazador».[96] También sostiene que
«la objetividad [es] en realidad "subjetividad colectiva"» y que «es
imposible ser objetivo».[97] Asumiendo con entusiasmo el relativismo que tales puntos de vista conllevan, afirma que «la relatividad cultural [es] la esencia del antirracismo cultural».[98]

Si no existen patrones neutrales, objetivos y racionales que sirvan de referencia tanto a los teóricos críticos de la raza como a
quienes discrepan de ellos para resolver sus disputas, ¿qué es lo
que queda? ¿Cómo se pueden cambiar los corazones y las mentes? Kendi no se resiste a sacar la conclusión obvia. «El problema
de la raza», dice, «siempre ha sido en su esencia un problema de

---

[91] Ibid., 4, 26 y 28-29.
[92] Bell, «*Racial Realism*», 304 y 306-7.
[93] DiAngelo, *Fragilidad blanca*, 9 y 89.
[94] Ibid., 85-86.
[95] Crenshaw, «*Mapping the Margins*», 375.
[96] Kendi, *Cómo ser antirracista*, 20.
[97] Ibid., 167. Kendi cita aquí, aprobándoles, opiniones que atribuye a
Molefi Kete Asante y Ama Mazama.
[98] Ibid., 91.

poder, no un problema de inmoralidad o ignorancia».[99] Por tanto, la cuestión de cómo cambiar los corazones y las mentes no viene al caso. Lo que importa es el poder. Y continúa:

> El problema original del racismo no se ha resuelto con la persuasión. El conocimiento sólo es poder si el conocimiento se pone al servicio de la lucha por el poder. Cambiar las mentalidades no es un movimiento [...]. Cambiar las mentalidades no es activismo. Un activista produce poder y cambios políticos, no cambios mentales.[100]

En consecuencia, Kendi aboga por un movimiento en el que «los antirracistas [estén] impulsados únicamente por el ansia de poder para dar forma a la política».[101]

El racismo no es lo único que los teóricos de la TCR piensan que impregna tanto la sociedad que debe ser extirpado sin piedad. Según la noción de «interseccionalidad» de la TCR, introducida inicialmente por Crenshaw, dada la existencia de categorías como «raza, sexo, clase, origen nacional y orientación sexual», muchos individuos «experimentan múltiples formas de opresión».[102] De ahí que el análisis que hace la TCR del racismo se extienda a los análisis del «sexismo», el «clasismo», la «homofobia», la «transfobia», etc. Las «desigualdades», las «microagresiones», los «prejuicios implícitos», etc., hay que buscarlos y combatirlos en *todos* estos casos. Por eso Kendi nos dice que «el capitalismo es esencialmente racista; el racismo es esencialmente capitalista» y que «son dos caras del mismo organismo destructivo», que «un día morirán juntas».[103] Y afirma que las «desigualdades entre mujeres y hombres» reflejan una «política sexista» y que éstas también deben eliminarse en nombre del antirracismo,

---

[99] Ibid., 208.
[100] Ibid., 209.
[101] Ibid., 214.
[102] Delgado y Stefancic, *Critical Race Theory*, 163.
[103] Kendi, *Cómo ser antirracista*, 163.

ya que «ser verdaderamente antirracista es ser feminista».[104] De igual modo, afirma que «no podemos ser antirracistas si somos homófobos o transfóbicos» y que, por lo tanto, debemos considerar «las leyes de libertad religiosa [...] como una privación de los derechos de las personas queer».[105] En resumen, «la teoría interseccional ofrece ahora a toda la humanidad la capacidad de comprender la opresión interseccional de sus identidades».[106]

Las implicaciones no podrían ser más radicales. La historia moderna, asegura Kendi, no ha sido otra cosa que «una batalla entre racistas y antirracistas»[107] y nuestra situación actual sigue siéndolo: «Nuestro mundo padece un cáncer metastásico. Estadio 4. El racismo se ha extendido a casi todas las partes del cuerpo político».[108] Ni siquiera las medidas políticas más extremas descritas hasta ahora bastarán para remediarlo. La misma alma humana debe transformarse, ya que «al igual que luchar contra una adicción, ser antirracista requiere una persistente autoconciencia, una constante autocrítica y un autoexamen periódico [...] una reorientación radical de nuestra conciencia».[109] No debe permitirse la neutralidad en la lucha. No se puede afirmar que no se es racista y abstenerse de respaldar el análisis y la política de la TCR. «O uno permite que persistan las desigualdades raciales, y es un racista, o hace frente a las desigualdades raciales, y es un antirracista», insiste Kendi. «No existe un espacio intermedio seguro de "no racismo". La pretensión de neutralidad "no racista" es una máscara para el racismo».[110] En resumen, cualquiera que disienta de la Teoría Crítica de la Raza debe ser considerado como formando parte de las filas del enemigo racista.

---

[104] Ibid., 189.
[105] Ibid., 197.
[106] Ibid., 191.
[107] Ibid.,150.
[108] Ibid., 234.
[109] Ibid., 23.
[110] Ibid., 9.

5

Los problemas filosóficos de la Teoría Crítica de la Raza

He citado obras de las más influyentes y de las más vendidas de la Teoría Crítica de la Raza, así como de los teóricos que influyeron en ellas, y lo he hecho extensamente para que el lector pueda ver cuán extremistas son realmente estos juicios, cada vez más extendidos. Los lectores familiarizados con el marxismo y el posmodernismo habrán notado las similitudes que la TCR guarda con ellos, siendo la principal diferencia que la TCR sustituye la obsesión marxista por la clase por la obsesión por la raza y considera la «blancura» en lugar de la burguesía como el poder siniestro que acecha detrás de todas las instituciones legales y culturales. Esto no es casual, ya que marxistas y posmodernos como Antonio Gramsci y Michel Foucault, respectivamente, fueron influencias clave en el desarrollo de la TCR.[111]

---

[111] Richard Delgado y Jean Stefancic, *Critical Race Theory: An Introduction*, 3ª ed. (New York: New York University Press, 2017), 5. Para una crítica fundada de las influencias filosóficas de la Teoría Crítica de la Raza, véase Helen Pluckrose y James Lindsay, *Cynical Theories: How Activist Scholarship Made Everything about Race, Gender, and Identity—and Why This Harms Everybody* (Durham, N.C.: Pitchstone Publishing, 2020). Como bien señalan Pluckrose y Lindsay, la relación entre el marxismo, el postmodernismo y la Teoría Crítica de la Raza es compleja, y existen importantes diferencias entre estos sistemas de pensamiento (por ejemplo, el propio marxismo era una de las «metana-

De hecho, no es exagerado decir que la Teoría Crítica de la Raza es esencialmente una reformulación en términos raciales de algunos de los temas principales del marxismo y del posmodernismo. Donde el marxismo habla del conflicto en el capitalismo entre la burguesía opresora y el proletariado oprimido, la TCR habla de la lucha en el «racismo sistémico» entre una «blancura» opresora y la «gente de color» oprimida. Mientras que el posmodernista considera que todas las normas y pretensiones de verdad son culturalmente relativas y enmascaran los intereses creados del poder, la TCR identifica este poder con la «supremacía blanca». La teoría de Foucault de que un poder maligno opera de forma «capilar», filtrándose por todos los rincones del orden social y de la psique individual, es aplicada por la TCR a un análisis del supuesto funcionamiento del «poder racista». La crítica de Foucault al encarcelamiento y castigo de los delincuentes como una forma de enmascarar los intereses creados del poder burgués es transformada por la TCR en una crítica al sistema judicial estadounidense como intrínsecamente racista, como una herramienta mediante la cual las fuerzas de la supremacía blanca mantienen a raya a los no blancos. La teoría de Gramsci de que el poder burgués se mantiene mediante la «hegemonía» sobre las instituciones de la sociedad civil (derecho, educación, medios de comunicación, etc.) es tomada por la TCR para presentar a todas esas instituciones como un reflejo de los intereses de la «supremacía blanca». Su estrategia de sustituir la hegemonía de la burguesía por la hegemonía de los intelectuales marxistas que se irían apoderando gradualmente de las instituciones tiene su eco en la forma en que la TCR se abre camino actualmente en la sociedad estadounidense a través de políticas «antirracistas» impuestas por organismos gubernamentales, administradores universitarios, departamentos de personal de empresas y similares,

---

rrativas» que los posmodernos pretendían subvertir). De todos modos, tanto las ideas posmodernas como las marxistas tuvieron un profundo efecto en la Teoría Crítica de la Raza, como reconocen los propios teóricos de la TCR como Delgado y Stefancic.

que son aplaudidas en los principales medios de comunicación, en la industria del ocio y en los libros más vendidos. La insistencia en que toda resistencia a la TCR proviene de un racismo inconsciente que hay que descubrir y confesar recuerda a las sesiones con las que los maoístas de la China comunista intentaban extirpar todo pensamiento «contrarrevolucionario». El concepto marxista de que cualquiera que se oponga al comunismo debe ser un fascista tiene su eco en la insistencia en que cualquiera que se oponga a la TCR debe ser un racista. La tendencia socialista a considerar todas las desigualdades de riqueza y poder como intrínsecamente injustas se repite en la insistencia de la TCR en que las «desigualdades» son necesariamente el resultado del racismo, el sexismo, la homofobia, etc. Y así sucesivamente.

Al igual que el posmodernismo y el marxismo, la Teoría Crítica de la Raza es en el fondo una opinión filosófica, aunque también haga afirmaciones de carácter sociológico. Sin embargo, una de las cosas más sorprendentes de la obra de los teóricos de la TCR es la calidad extremadamente pobre de su argumentación y análisis. Dado que estos autores suelen presentar sus ideas con una confianza absoluta e incluso agresiva en lo que sostienen, es probable que lectores poco avisados queden indebidamente impresionados. El estilo seguro de sí mismos de estos escritos funciona, deliberadamente o no, como un recurso retórico para disimular su inconsistencia intelectual.

Lo primero que advierte el lector filosóficamente solvente en la argumentación de los teóricos críticos de la raza es que cometen de modo implacable, e incluso descarado, una serie de falacias lógicas de manual.[112] Consideremos, por ejemplo, la ale-

---

[112] Entre los críticos de la TCR que desarrollan este punto se encuentra Jonathan D. Church, en *Reinventing Racism: Why «White Fragility» Is the Wrong Way to Think about Racial Inequality* (Lanham: Rowman and Littlefield, 2021), cap. VII. 7. Más información sobre las falacias lógicas puede encontrarse en muchos libros de texto de lógica y pensamiento crítico. En S. Morris Engel, *With Good Reason: An Introduction to Informal Fallacies*, 3.ª ed. (Nueva York: St. Martin's Press, 1986), y

gación de DiAngelo de que atribuir las desigualdades raciales a causas distintas del racismo es en sí mismo racista y su rechazo de todo desacuerdo con su análisis como expresión de la «fragilidad blanca» que funcionaría como estrategia para mantener el «privilegio blanco».[113] Alegaciones de este tipo son rutinarias en la retórica de la TCR. Por ejemplo, Kendi afirma que es racista atribuir las diferencias de grupo en resultados económicos a diferencias culturales, o juzgar que las prácticas culturales de un grupo son en algún sentido inferiores a las de otro.[114]

El problema de este tipo de afirmaciones es que, por simple lógica elemental, la verdad de una afirmación y la fuerza de un argumento son totalmente independientes del carácter o de los intereses de la persona que las hace, de sus orígenes históricos o culturales, del contexto en el que se hacen y de cualquier otra consideración de este tipo. Ignorar esto es caer en un tipo de *falacia de relevancia*, concretamente la *falacia ad hominem*, probablemente la falacia favorita de los teóricos de TCR, que adopta varias formas. Existe, por ejemplo, la *ad hominem circunstancial*, que consiste en rechazar una afirmación o un argumento simplemente por un supuesto interés personal de la persona que lo defiende. Supongamos que un frutero dice que comer mucha fruta y verdura es mucho más sano que comer muchos dulces y cita pruebas médicas en ese sentido. ¿Sería suficiente señalar que él se beneficiara de que la gente compre frutas y verduras para rechazar su afirmación o las pruebas que aporta? Por supuesto que no. Una afirmación puede seguir siendo cierta y las pruebas sólidas con independencia de que la persona que la hace se beneficie o no de alguna manera de su veracidad. Del mismo modo, si una persona blanca ofrece pruebas de que las disparidades eco-

---

Douglas Walton, *Informal Logic: A Pragmatic Approach*, 2ª ed. (Cambridge: Cambridge University Press, 2008).

[113] Robin DiAngelo, *Fragilidad blanca: Por qué es tan difícil para los blancos hablar de racismo* (Ediciones del Oriente y del Mediterráneo, 2021), 2.

[114] Ibram X. Kendi, *Cómo ser antirracista* (Vintage, 2020), 90 y 153-54.

nómicas entre las razas tienen más que ver con factores como la orfandad y la educación que con el racismo, es irrelevante alegar como respuesta que esa afirmación es, de alguna manera, una defensa del «privilegio blanco». La afirmación de que tanto la ausencia de padre como la educación tienen un mayor efecto en los resultados económicos que el racismo podría seguir siendo cierta, y las pruebas de ello podrían ser sólidas, independientemente de quién pueda o no beneficiarse de que sea verdad.

Otro tipo de *falacia ad hominem* es la conocida en lógica como *envenenar el pozo*. Consiste en intentar que la gente ignore lo que dice una persona poniendo en entredicho su personalidad. Supongamos, por ejemplo, que usted ofrece pruebas de que un cambio en la política fiscal podría generar crecimiento económico. Y supongamos que, en respuesta, sus críticos afirman que usted es un desequilibrado mental, un alcohólico o un adúltero en serie y persuaden a la gente para que no le presten atención por estas razones. Por supuesto, si estas acusaciones son falsas estarían cometiendo una grave injusticia. Pero lo más importante para nuestro propósito es que serían completamente irrelevantes incluso si fueran ciertas. La afirmación de que un cambio en la política fiscal fomentaría el crecimiento económico podría ser cierta y los argumentos en su favor podrían ser sólidos con independencia de que la persona que hiciera dicha afirmación o aportara esos argumentos fuera o no un desequilibrado mental, un alcohólico o un adúltero. Del mismo modo, las objeciones planteadas contra la TCR por sus críticos podrían ser objeciones sólidas aunque estuvieran motivadas por lo que DiAngelo denomina «fragilidad blanca». Cuando DiAngelo desestima todas las críticas atribuyéndolas a esa supuesta condición psicológica, está cometiendo un ejemplo de libro de texto de la falacia de envenenar el pozo.

Otra falacia muy común es la conocida como *falacia genética*, que consiste en rechazar una afirmación o un argumento simplemente por algunas asociaciones históricas o culturales de dudosa reputación que tiene o que se le atribuyen a quien hace esa afirmación. Por ejemplo, supongamos que alguien rechaza todas las pruebas de que fumar provoca cáncer de pulmón alegando que algunas de las primeras investigaciones sobre los efectos nocivos del consumo de tabaco fueron realizadas por científicos de la Alemania nazi. Obviamente, es una razón absurda para rechazar dichas pruebas. Una afirmación puede ser cierta y las pruebas que la respaldan sólidas, aunque algunas personas malvadas hayan creído en ellas. Ahora supongamos que un teórico de la TCR rechaza la afirmación de que algunas disparidades económicas entre grupos raciales reflejan diferencias culturales más que actitudes racistas, alegando que los segregacionistas del pasado también apelaban a las diferencias culturales para explicar dichas disparidades económicas. Esto también sería una falacia genética. Que personas inmorales como los segregacionistas creyeran en la afirmación de que las diferencias culturales pueden causar disparidades económicas no implica que la afirmación sea falsa, y no implica tampoco que cualquiera que crea en esa afirmación esté moralmente al mismo nivel que los segregacionistas.

La forma más burda de la falacia *ad hominem* es la *abusiva*, el intento de desacreditar lo que alguien dice simplemente insultándole. Por ejemplo, supongamos que un político aboga por aumentar los impuestos sobre los vehículos para financiar la reparación de las autopistas y un rival le responde tachándole repetidamente de «comunista» para suscitar la hostilidad del público contra él. Puede que así convenza a la gente de que no apoye la política en cuestión, pero en términos de lógica no ha aportado absolutamente nada para demostrar que esa política no sea buena. Del mismo modo, etiquetar alegremente como «racistas» a quienes les critican es una táctica retórica habitual de los teóricos de TCR. El libro de Kendi *Cómo ser antirracista*, por ejemplo, es en gran medida una página tras otra de afirmaciones indefendibles con el fin de acusar a las ideas y a las personas que no le gustan a Kendi de «racistas».

El problema general de las falacias *ad hominem* y la razón por la que las clasificamos entre las falacias de relevancia, es que sencillamente cambian de tema. Lo que importa en última instancia es si una afirmación es cierta y si sus argumentos son convincentes. Las falacias *ad hominem* consisten en no abordar esas cuestiones y centrarse en asuntos irrelevantes, como los supuestos rasgos de carácter o los motivos de las personas que hacen una afirmación o el bagaje cultural asociado a ella, etc. Los teóricos críticos de la raza cometen sistemáticamente este tipo de falacia en la medida en que desestiman de forma rutinaria las objeciones y los argumentos contrarios tachándolas de «racistas» y alegando que son un mero reflejo de la «fragilidad blanca».

Otro grupo de falacias comunes en la retórica de la TCR son las *falacias de presunción*. Una de estas falacias es conocida como la *falacia de las muchas preguntas* (o *razonamiento circular*), que consiste en argumentar a favor de una afirmación de un modo que *presupone* dicha afirmación, en vez de ofrecer algún argumento independiente en su favor. Por ejemplo, supongamos que afirmo que Lucy nunca me mentiría porque me quiere, y que puedo saber que me quiere porque me lo ha dicho y nunca me mentiría. Obviamente, estoy argumentando en círculo. Estoy utilizando la afirmación de que me quiere como prueba de que no me mentiría, mientras que utilizo la afirmación de que no me mentiría como prueba de que me quiere. Por lo tanto, no he aportado ninguna prueba real de ninguna de estas afirmaciones, es como si intentara sacarme a mí mismo de un pozo tirando con mis brazos de mis propios hombros. Los teóricos críticos de la raza cometen este tipo de falacia cuando sostienen la TCR apelando a premisas que nadie aceptaría si no estuviera ya convencido de la TCR.

DiAngelo viene a admitirlo cuando escribe que «los estudios sobre la blancura parten de la premisa de que el racismo y el privilegio blanco existen tanto en sus formas tradicionales como modernas, y en lugar de tratar de demostrar su existencia, tratan de exponerla».[115] Cuando estos autores apelan, por ejemplo, a las desigualdades, las «microagresiones» y demás como pruebas de que el «racismo sistémico» y el «privilegio blanco» son reales,

---

[115] Robin DiAngelo, «Fragilidad blanca», *International Journal of Critical Pedagogy* 3 (2018): 56.

están argumentando en círculo, porque nadie que no creyera ya que el «racismo sistémico» y el «privilegio blanco» son reales los consideraría como pruebas de nada. En particular, nadie que no mire ya el mundo a través de las lentes de la TCR estaría de acuerdo en que el hecho de que los negros y los hispanos estén infrarrepresentados en el ámbito de las STEM[116] demuestra por sí mismo que existe una discriminación racista en este ámbito contra los negros y los hispanos, del mismo modo que el hecho de que los asiáticos estén sobrerrepresentados en el ámbito de las STEM tampoco demuestra que exista una discriminación racista a favor de los asiáticos. Las personas que no estén ya convencidas de la TCR considerarán otras posibles explicaciones, como las diferencias culturales entre grupos raciales y étnicos. Del mismo modo, nadie que no mire ya el mundo a través de las lentes de la TCR interpretaría cualquier declaración o acción que un miembro de un grupo minoritario pudiera considerar ofensiva como por ejemplo una «microagresión» racista. Los teóricos críticos de la raza ven en tales desigualdades o supuestas ofensas evidencias de racismo sólo porque antes ya han decidido ver racismo en ellas.

Otra falacia de presunción que afecta a la esencia misma de la Teoría Crítica de la Raza es la falacia del *alegato especial*, que consiste en aplicar un doble rasero arbitrario o injustificado. Supongamos, por ejemplo, que al criticar a un político que me desagrada sostengo que nadie que haya sido infiel a su mujer, como es el caso de ese político en concreto, debería ocupar un cargo público. Pero supongamos también que estoy a favor de que salga elegido algún otro adúltero y lo justifico diciendo que, como propone buenas políticas, su infidelidad puede pasarse por alto. Obviamente, estaría siendo incoherente. Para ser coherente,

---

[116] STEM es el acrónimo en inglés que hace referencia a Science, Technology, Engineering and Mathematics (ciencia, tecnología, ingeniería y matemáticas), y que propone la integración interdisciplinaria de estas áreas de las ciencias en un contexto asociado a la ingeniería y la tecnología. N.el T.

tendría que atenerme a mi afirmación inicial de que los adúlteros nunca deberían ocupar cargos públicos y, por tanto, dejar de apoyar al segundo candidato; o bien, si insistiera en seguir apoyando al segundo candidato, tendría que renunciar a la objeción que inicialmente dirigí contra el primer candidato. Lo que razonablemente no puedo hacer es afirmar un principio general al que luego aplico una excepción arbitraria simplemente porque me conviene hacerlo.

La Teoría Crítica de la Raza se funda en varios tipos de falacia del alegato especial. Por ejemplo, bajo la influencia de posmodernistas como Foucault y de marxistas como Gramsci, los autores de la TCR aplican habitualmente una «hermenéutica de la sospecha» con la que pretenden desenmascarar todas las instituciones, los presupuestos culturales, las posturas filosóficas, etc., como meros instrumentos con los que ciertos grupos mantienen su poder. Lo que es distintivo de la TCR es el énfasis en la raza (y no en la clase o en cualquier otro rasgo) como elemento definitorio de estos grupos. La objetividad y la neutralidad racial son ilusiones, afirman los autores de la TCR. Lo que vemos como verdadero o bueno refleja las lentes raciales a través de las cuales miramos el mundo y no el mundo tal como es.

El problema es que si los teóricos críticos de la raza aplicaran esta visión de forma coherente, entonces tendrían que reconocer que la propia TCR no refleja la realidad objetiva, sino simplemente la perspectiva y los intereses de los teóricos de la TCR. Los teóricos críticos de la raza afirmarían que su posición es diferente de las demás en la medida en que, a diferencia de las instituciones y las ideas que sostienen el «racismo sistémico» y la «supremacía blanca», no refleja los intereses de los poderosos. Pero, ¿por qué deberíamos creerlo? Al fin y al cabo, Friedrich Nietzsche, uno de los padres de la «hermenéutica de la sospecha» y fuente de muchas de las ideas de Foucault, sostenía que todos los sistemas de pensamiento no reflejan más que la «voluntad de poder» de quienes los sostienen, incluidos aquellos que dicen estar a favor de los que carecen de poder. En concreto, Nietzsche sostenía que las doctrinas morales y políticas igualitarias, tales como el socialismo, no son más que instrumentos con los que los débiles intentan darle la vuelta a la tortilla frente a los fuertes (a quienes saben superiores y a quienes envidian y contra los que están resentidos) y vengarse así de ellos. Estas doctrinas en realidad no tienen más validez objetiva que las opiniones contrarias. ¿Por qué no podríamos decir lo mismo de la propia Teoría Crítica de la Raza? ¿Por qué no considerarla también como otra máscara de la «voluntad de poder» de quienes envidian y están resentidos con los blancos y, por tanto, sin más validez objetiva o pretensión de verdad que los puntos de vista de quienes critican la TCR?

No se trata de refrendar el análisis de Nietzsche, sino de señalar que la espada de la «hermenéutica de la sospecha» corta en ambos sentidos y ensarta inevitablemente a la persona que la empuña no menos que a su objetivo. Algunos autores de la TCR, como Crenshaw, ven el problema y por ello advierten contra la adopción de un relativismo posmodernista a ultranza. Pero no tienen ninguna razón de peso para hacerlo, limitándose a sugerir que es «políticamente más empoderador» sostener que al menos algunas descripciones de los fenómenos sociales son objetivamente verdaderas, cuando hacerlo así favorezca los análisis de la TCR.[117] Pero esto no resuelve para nada el problema, sino que lo agrava, porque con ello admite implícitamente que lo que motiva su postura es precisamente un interés por el poder y no por la verdad objetiva.

Los teóricos críticos de la raza no pueden, lógicamente, mantener ambas posturas a la vez. Si insisten en que todos los sistemas de pensamiento reflejan únicamente los intereses de los grupos raciales y no tienen validez objetiva, entonces esto socavaría su propia posición lo mismo que cualquier otra. Si, por el contrario, reconocen que es posible ir más allá de la perspectiva

---

[117] Kimberlé Williams Crenshaw, «Mapping the Margins: Intersectionality, Identity Politics, and Violence against Women of Color», en Crenshaw et al., eds., *Critical Race Theory: The Key Writings That Formed the Movement* (New York: The New Press, 1996), 376.

del propio grupo racial y llegar a la verdad objetiva, entonces éste podría ser el caso tanto de quienes critican la TCR como de quienes la defienden, en cuyo caso quienes propugnan la TCR no pueden rechazar puntos de vista contrarios simplemente porque supuestamente reflejan sólo la perspectiva de los blancos en lugar de la realidad objetiva.

Otro modo en que los teóricos críticos de la raza cometen la falacia del alegato especial se refiere a su interpretación de las disparidades raciales. Consideremos el hecho de que «los negros son el 13% de la población [estadounidense], pero son el 80% de los jugadores profesionales de baloncesto y el 65% de los jugadores profesionales de fútbol americano, y están entre los mejor pagados en ambos deportes».[118] Consideremos el hecho de que «los asiáticos están sobrerrepresentados en todos los ámbitos de empleo STEM con porcentajes superiores a la media entre los informáticos y los científicos, representando el 19% de los trabajadores en ambos campos, lo que es mucho más alto que su porcentaje dentro de la población activa en general (6%)».[119] Consideremos el hecho de que, en Estados Unidos, «los hombres están sobrerrepresentados entre la población carcelaria» puesto que, a pesar de ser algo menos de la mitad de la población, «el noventa y dos por ciento de las personas encarceladas en prisiones federales y estatales son hombres».[120] ¿Las dos primeras «desigualdades» implican que existe discriminación racista contra los no negros y los no asiáticos? ¿Implica la tercera que existe discriminación

---

[118] Walter E. Williams, «Do Statistical Disparities Mean Injustice?», *Investor's Business Daily*, September 24, 2014, https://www.investors.com/politics/commentary/sometimes-our-differences-dont-indi-cate-victimhood/.

[119] Cary Funk y Kim Parker, *Women and Men in STEM Often at Odds Over Workplace Equity*, Pew Research Center Report (January 9, 2018), 35.

[120] Rose Heyer y Peter Wagner, «Too Big to Ignore: How Counting People in Prisons Distorted Census 2000», *Prison Policy Initiative*, Abril 2004, https://www.prisonersofthecensus.org/toobig/.

sexista contra los hombres? Por supuesto que no, y de hecho nadie saca tales conclusiones. Pero esas son las conclusiones a las que habría que llegar si se aplicara sistemáticamente el criterio de injusticia de la TCR basado en la «desigualdad»; porque si los blancos están sobrerrepresentados en algún campo, los autores de la TCR insisten en que eso tiene que deberse a la discriminación racista o a alguna forma de injusticia sistémica relacionada con la raza. Una vez más, no pueden mantener ambas posturas al mismo tiempo. Si insisten en que las disparidades implican necesariamente injusticia en un caso, tendrán que concluir que también implican injusticia en los otros casos. Si, de forma más razonable, reconocen que las disparidades no siempre son el resultado de la discriminación racial, entonces tendrán que renunciar a la afirmación de que la infrarrepresentación de negros e hispanos en algún campo, o la sobrerrepresentación de blancos en otro, implica necesariamente «racismo sistémico» o algo por el estilo.

Un tercer caso de alegato especial tiene que ver con las generalizaciones sobre grupos raciales y sus comportamientos y prácticas culturales. Como hemos visto, si alguien sugiere que las disparidades económicas entre razas pueden explicarse en parte por diferencias culturales y de comportamiento, como por ejemplo el mayor valor que se le da a la educación en algunos grupos raciales y las mayores tasas de niños que crecen en hogares en los que la figura del padre está ausente, escritores como DiAngelo y Kendi lo tacharán de racista. «Cuando racializamos a cualquier grupo y luego presentamos la cultura de ese grupo como inferior», dice Kendi, «estamos articulando el racismo cultural».[121] Sin embargo, eso es precisamente lo que hacen los escritores de la TCR cuando hacen caracterizaciones generales negativas sobre los blancos y su cultura, presentando como indiscutible la existencia de una «conciencia blanca», que se definiría por la «antinegritud», de una «identidad blanca que es inherentemente racista», de la «fragilidad blanca» como mecanismo de defensa al que todos los blancos son propensos, etc. (por recordar algunos ejemplos cita-

---

[121] Kendi, *Cómo ser antirracista*, 90; cf. 153.

dos anteriormente). Una vez más, los teóricos críticos de la raza intentan, contra toda lógica, mantener dos posturas contradictorias. Si fueran coherentes, entonces tendrían que renunciar a sus caracterizaciones generales negativas de la cultura blanca; o, si insisten en que algunas caracterizaciones generales negativas de la cultura blanca son ciertas, entonces tendrían que admitir que algunas caracterizaciones generales negativas de las culturas de otros grupos raciales también pudieran ser ciertas.

Hay otras falacias lógicas elementales que son fundamentales en el modo de argumentar de los teóricos críticos de la raza. Consideremos la *falacia de la hipostatización*, que consiste en hablar de una abstracción como si fuera una realidad concreta. Supongamos que me quejo de que el sistema económico recompensa injustamente a la gente que escribe novelas policíacas populares y castiga injustamente a la gente como yo, que escribe libros de filosofía académica que no se venden tan bien. Parece como si hubiera una entidad concreta, «el sistema económico», que de alguna manera trabaja para conseguir que las cosas sean así y, por lo tanto, se le puede culpar por ello. Pero, por supuesto, esto no es así. La realidad es que simplemente hay mucha más gente a la que le gustan las novelas policíacas que gente que quiera leer libros de filosofía, y los menores ingresos de los escritores de estos últimos son consecuencia de ello. Tratar abstracciones como «el sistema económico» como si fueran entidades concretas simplifica en exceso esta compleja realidad y hace que parezca que hay intervención y culpa donde no las hay.

Pero esto es exactamente el tipo de falacia que cometen los teóricos de la TCR cuando atribuyen todas las disparidades económicas entre razas a abstracciones como el «racismo sistémico» y la «supremacía blanca» debido a que descartan dogmáticamente incluso la posibilidad de que algunas de esas disparidades puedan deberse, por el contrario, a diferencias culturales y de comportamiento entre grupos raciales, culpando al «racismo sistémico» y a la «supremacía blanca» incluso cuando no pueden identificar a ningún individuo, acción o institución racista concretos como causa de tales disparidades. De este modo, están tratando falazmente estas abstracciones como si fueran en realidad entidades concretas que actúan para producir disparidades y a las que, por lo tanto, se les puede culpar por la existencia de dichas desigualdades.

En relación con esto hay otro error lógico básico, la *falacia de la división*. Consiste en atribuir lo que es cierto para un todo a cada una de sus partes. Por ejemplo, caeríamos en esta falacia si dedujéramos, de la premisa de que los perros tienden a ser más cariñosos que los gatos, la conclusión de que cualquier perro en particular será más cariñoso que cualquier gato en particular; porque lo que es cierto de los perros como categoría no será necesariamente cierto de cada perro individual. Los teóricos de la TCR cometen esta falacia cuando deducen, de una premisa según la cual los blancos como grupo disfrutan del «privilegio blanco» y muestran «fragilidad blanca», la conclusión de que esta o aquella persona blanca en particular disfruta del «privilegio blanco» o muestra «fragilidad blanca». Incluso si la premisa fuera cierta (de lo que la TCR no nos da ninguna buena razón para creerlo), la conclusión no se seguiría.

Luego está la *falacia subjetivista*, que trata una convicción o deseo de que algo sea cierto como si fuera una prueba real de su verdad. Supongamos, por ejemplo, que alguien cree que los extraterrestres existen, sin más razón que el hecho de que la idea de los extraterrestres le parece extremadamente fascinante y desea que existan. O imaginemos a alguien a quien le cae muy mal un determinado compañero de trabajo y que, al descubrir un día que le falta su propia cartera, decide que ha debido de ser ese compañero quien se la ha llevado, simplemente porque le considera una persona muy desagradable. En ambos casos, los sentimientos estarían nublando el juicio y llevándonos a confiar excesivamente en conclusiones para las que no tenemos pruebas suficientes.

La Teoría Crítica de la Raza fomenta precisamente este tipo de falacia en la medida en que uno de sus elementos principales es el énfasis en presentar la «narrativa», el «storytelling» y las «experiencias vividas» como superiores al razonamiento lógico y desapasionado a la hora de defender sus afirmaciones.[122] Ahora bien, lo que hace que las historias o narraciones sean poderosas y las experiencias memorables son las emociones que generan. Por lo tanto, hacer hincapié en los relatos, las narraciones y las experiencias por encima del razonamiento lógico es hacer que la emoción tenga una mayor influencia que la razón en lo que creemos. Esto se ve exacerbado por las afirmaciones de la TCR de que el racismo acecha en lo profundo de todos los blancos, incluso en aquellos que afirman sinceramente no ser racistas y que son inocentes de cualquier comportamiento abiertamente racista, y que este supuesto racismo explica todas las desigualdades, incluso aquellas que no pueden atribuirse a ninguna acción o política discriminatoria específica. Esto hace que las acusaciones de racismo floten en el aire sin necesidad de ninguna prueba objetiva. Las acusaciones de «racismo sistémico», «microagresiones», «prejuicios implícitos» y similares se basarán inevitablemente en los sentimientos subjetivos de quien hace las acusaciones, sentimientos cuya intensidad se debe menos a los hechos reales que a que la mente del acusador se ha estado macerando en la visión paranoica del mundo de la TCR.

No es exagerado afirmar que si se eliminaran todas las falacias lógicas elementales de los libros de escritores como Kendi y DiAngelo, apenas quedaría argumentación alguna en la que apoyar sus afirmaciones. Y estas falacias no agotan los errores lógicos básicos de los que son culpables. Los estudiantes de lógica aprenden que al evaluar los argumentos de un oponente la honestidad intelectual exige aplicar el «principio de caridad», que nos dice que tomemos en consideración las versiones más sólidas de esos argumentos. Los escritores de la TCR se saltan sistemáticamente este principio, descartando de modo habitual los argumentos contrarios como racistas, como expresiones de la «fragilidad blanca», etc., en lugar de considerar seriamente la posibilidad de que puedan contener algo de verdad.

---

[122] Véase Delgado and Stefancic, *Critical Race Theory*, cap. 3.

Los manuales de lógica señalan que un punto elemental de una metodología sólida es definir cuidadosamente los términos que utilizamos en una argumentación. Esto requiere, entre otras cosas, evitar definiciones circulares, es decir, definiciones que utilizan el término que se está definiendo en su propia definición. Por ejemplo, si un filósofo político habla continuamente de «libertad» y le pides que explique exactamente qué quiere decir con ese término, no sería muy buena respuesta una que afirmara que «la libertad es una condición en la que las personas son libres». Kendi se muestra incapaz de comprender siquiera este principio metodológico tan obvio. Por ejemplo, define «racista» como «alguien que apoya una política racista a través de sus acciones u omisiones o que expresa una idea racista».[123] «El racismo», nos dice, «es un matrimonio de políticas racistas e ideas racistas que produce y normaliza las desigualdades raciales».[124] Un «antirracista», nos sigue informando inútil y circularmente, es «alguien que apoya una política antirracista a través de sus acciones o expresando una idea antirracista».[125]

Cuando llega el momento de explicar lo que entiende por «desigualdad racial», nos dice que «es cuando dos o más grupos raciales no se encuentran en una aproximada igualdad de condiciones», y pone como ejemplo la estadística de que «el 71% de las familias blancas vivían en viviendas ocupadas por sus propietarios en 2014, frente al 45% de las familias latinx [sic] y al 41% de las familias negras».[126] Cuando se juntan todas estas afirmaciones el resultado es que Kendi, sencillamente, está estipulando que cualquier disparidad como la que cita es «racista». Esto implica que sus definiciones violan otros dos principios metodológicos básicos. Por un lado, una buena definición no debería incurrir en la falacia de plantear la cuestión asumiendo (en lugar de argumentándola) una afirmación sobre la que no hay acuerdo entre

---

[123] Kendi, *Cómo ser antirracista*, 13.
[124] Ibid., 17-18.
[125] Ibid., 13.
[126] Ibid., 18.

alguien y quien le lleva la contraria. Supongamos que intento convencer a un escéptico de que tengo un Ferrari definiendo un «Ferrari» como un «Toyota Corolla» e indicándole que tengo un Toyota Corolla. Evidentemente, esto no le convencería, ya que es poco probable que esté de acuerdo con esta excéntrica definición. Del mismo modo, Kendi puede «demostrar» que todas las disparidades son racistas simplemente definiendo «racismo» de un modo que implique que lo son. Pero nadie que no esté de acuerdo con él aceptaría esa definición.

Por otra parte, una buena definición no debe ser demasiado amplia, en el sentido de incluir en el ámbito de la definición cosas que no deberían incluirse. Por ejemplo, si yo definiera un «coche» como un «vehículo de carretera propulsado por un motor», esta definición sería demasiado amplia, ya que incluiría las motocicletas, que no son coches aunque sean vehículos de carretera propulsados por motores. Del mismo modo, dada la forma en que Kendi define los términos, se deduciría que el hecho de que los negros estén sobrerrepresentados en deportes como el baloncesto es racista. Pero el propio Kendi, con razón, no quiere decir eso. De ahí que su definición sea demasiado amplia, incluso según sus propios criterios.

Otro fallo metodológico básico de la Teoría Crítica de la Raza está relacionado con estos problemas. Los filósofos de la ciencia están de acuerdo en que una afirmación empírica debe poder probarse empíricamente. Las afirmaciones empíricas deben distinguirse de afirmaciones como las que se hacen en campos como las matemáticas y la metafísica, que no necesitan ser comprobables empíricamente (aunque, por supuesto, debería haber alguna otra forma de evaluarlas racionalmente). La afirmación aritmética de que 2 + 2 = 4 no es del tipo que podamos comprobar mediante la observación o la experimentación. Tampoco lo es una afirmación metafísica como la tesis de que existen entidades inmateriales (como los ángeles o las almas); porque los números y las entidades inmateriales no son el tipo de cosas que uno pueda ver, oír, saborear, tocar u oler, de modo que si queremos saber de un modo u otro si existen, tenemos que recurrir a otros métodos.[127]

Pero consideremos afirmaciones como que hay 350.000 especies de escarabajos, que fumar provoca cáncer de pulmón, que hay planetas orbitando Alfa Centauri, que el crack bursátil de 1929 desencadenó la Gran Depresión, que la violencia en televisión aumenta la prevalencia de comportamientos violentos entre los jóvenes y otras aseveraciones por el estilo. Se trata de afirmaciones empíricas, es decir, de afirmaciones sobre el mundo observable. Por lo tanto, para determinar si son ciertas, tenemos que basarnos en la observación. En concreto, debemos ser capaces de derivar predicciones de tales afirmaciones y, a continuación, idear alguna prueba basada en la observación o un experimento para comprobar si las predicciones se cumplen. Por ejemplo, la afirmación de que la violencia en televisión aumenta la prevalencia de conductas violentas entre los jóvenes implica la predicción de que si comparamos grupos de niños que ven muchos programas de televisión violentos con grupos de niños que no los ven, encontraremos una mayor incidencia de conductas violentas entre los primeros. Si esta predicción no se cumple, tendremos razones para juzgar que la afirmación es falsa.

Desde que el filósofo de la ciencia Karl Popper llamó la atención sobre este tipo de *falsabilidad* a principios del siglo XX, ésta se ha considerado un sello distintivo de la ciencia seria (incluso aunque la mayoría de los filósofos de la ciencia contemporáneos

---

[127] ¿Cuáles podrían ser esos métodos? Es una buena pregunta, pero controvertida y que no es necesario abordar en este momento. Para debatir la cuestión, véase el prólogo a mi libro *Scholastic Metaphysics: A Contemporary Introduction* (Heusenstamm, Germany: Editiones Scholasticae, 2014). Puede que a algunos lectores les extrañe mi afirmación de que no podemos percibir los números. ¿No vemos números como el dos o el cuatro allí mismo, en esa página? No, no podemos. Lo que vemos en la página son numerales, que representan números pero no son lo mismo que números. Por ejemplo, el numeral arábigo «2» no es más idéntico al número dos que el numeral romano «II».

no apoyarían todo lo que Popper dijo al respecto). Naturalmente, no se trata de que una teoría científica seria deba haberse demostrado falsa. La idea es más bien que debería abrirse a la falsabilidad en el sentido de hacer predicciones específicas que puedan ponerse a prueba (donde si las cosas resultan como se había predicho pasará la prueba y no se demostrará falsa). Popper sostenía que sistemas de creencias como la astrología, la psicología freudiana y el marxismo no son genuinamente científicos, precisamente porque no están sujetos a falsabilidad.[128] Por ejemplo, las predicciones de los astrólogos suelen ser tan vagas que nada las falsificaría. Supongamos que un astrólogo le dice que el año que viene le ocurrirá algo importante. A casi todo el mundo le va a ocurrir algo en un año cualquiera que podría decirse que es importante; por lo tanto, esta predicción no es nada del otro mundo. O consideremos que es difícil ver qué podría falsificar la teoría de Freud de que gran parte de nuestro comportamiento está determinado por deseos reprimidos. Si una persona niega que tiene tales deseos, ¡la propia negación se tomará como prueba de que los tiene! La predicción marxista de que el capitalismo dará paso inevitablemente al comunismo es tan amplia que, dure lo que dure el capitalismo, el marxista podrá decir que la revolución predicha sigue acechando a la vuelta de la esquina. Ni tampoco nada que ocurra en la sociedad capitalista hará que dicha tesis sea para un marxista siquiera improbable. Si la condición de la clase obrera empeora, el marxista dirá que es el resultado de la explotación capitalista y que acabará desencadenando la revolución. Pero si la condición de la clase obrera mejora debido a las medidas de bienestar social, el marxista dirá que tales medidas son una estratagema mediante la cual la clase capitalista prolonga temporalmente su poder y, a lo sumo, sólo puede retrasar la inevitable revolución.

---

[128] Cf. Karl R. Popper, «Science: Conjectures and Refutations», en *Conjectures and Refutations: The Growth of Scientific Knowledge* (New York: Harper and Row, 1968).

Las afirmaciones básicas de la Teoría Crítica de la Raza no son más falsables, y por lo tanto no más comprobables, que las afirmaciones de estos otros sistemas de creencias. Escritores como Kendi y DiAngelo afirman que el racismo acecha escondido en todos los blancos, incluso en aquellos que no muestran un comportamiento abiertamente racista y que se consideran sinceramente contrarios al racismo. Su negación de que son racistas se toma sólo como prueba para confirmar que lo son, siendo dicha negación «el latido del racismo» en opinión de Kendi y una manifestación de la «fragilidad blanca» en la de DiAngelo. Bell afirma que incluso las reformas legales que suelen citarse como grandes avances en la lucha contra el racismo en realidad sólo sirven para mantener vivo el racismo. Bell y los defensores de la TCR también sostienen que el no tomar en cuenta el color de la piel y la neutralidad racial, tradicionalmente considerados como característicos de la oposición al racismo, son, de hecho, también racistas. De este modo, todas las evidencias obvias de que el racismo ha disminuido de forma masiva en las últimas décadas simplemente se desvanecen.

Por su parte, Freeman afirma que incluso abordar la cuestión de las disparidades tratando de identificar a personas o acciones concretas que pudieran ser responsables de ellas refleja la perspectiva de los «perpetradores» del racismo. Del mismo modo, Crenshaw descarta como irrelevante la cuestión de si esas disparidades se produjeron de modo intencionado. Así aparece con claridad la incapacidad de los teóricos de la TCR para demostrar que todas las disparidades son el resultado del racismo. Por el contrario, los autores de la TCR definen el racismo de tal forma que las disparidades son siempre el resultado del racismo, e incluso la sugerencia de que podría haber alguna explicación alternativa se descarta a priori como racista, aunque esto sólo en los casos en los que son los blancos los que salen favorecidos. En el caso de las disparidades en las que los negros, asiáticos u otros no blancos disfrutan de una situación mejor que la de los blancos, los autores de la TCR no atribuyen el resultado al racismo.

De este modo el juego está amañado para que todo pueda interpretarse como una prueba a favor de la TCR y nada en su contra. «Cara, gana la TCR; cruz, quienes critican a la TCR pierden». De este modo, la Teoría Crítica de la Raza se hace infalsificable, pero, por esa misma razón, también inverificable; ya que no hace predicciones comprobables y no puede pasar ninguna prueba basada en evidencias. Al mismo tiempo, su forma de argumentar le da la falsa apariencia de poseer pruebas a su favor. Los psicólogos y sociólogos han denominado a este fenómeno «sesgo de confirmación»: la tendencia a buscar pruebas que parezcan confirmar las creencias preexistentes, a ignorar posibles pruebas en contra y a interpretar todas las pruebas ambiguas a favor de lo que uno cree. Esencialmente, la TCR adoctrina a sus seguidores no para evitar el sesgo de confirmación, sino precisamente para participar de él a gran escala.

6

Objeciones desde las ciencias sociales a la Teoría Crítica de la Raza

Considerada desde el punto de vista de la metodología general, la Teoría Crítica de la Raza es, sencillamente, ciencia social pésima. Este juicio queda enormemente reforzado cuando consideramos lo que la evidencia empírica, observada sin las lentes ideológicas de la TCR, muestra realmente sobre algunas de sus afirmaciones concretas. Una vez más, los autores de la TCR tratan siempre las disparidades económicas y sociales como si no pudieran tener otra explicación más que el racismo, y tratan luego dichas disparidades, discriminaciones y otras injusticias que supuestamente serían por su causa, como si fueran esencialmente equivalentes a la «supremacía blanca». Pero, como ha demostrado el economista Thomas Sowell, nada de esto resiste un análisis riguroso.[129]

Por ejemplo, en Estados Unidos se señala a menudo que, en lo que respecta a puestos de trabajo, ingresos, tasas de aprobación de hipotecas, puntuaciones crediticias, etc., a los blancos les va mejor que a los negros. Esto se atribuye a la discriminación racial. Pero las mismas estadísticas muestran que a los asiáti-co-americanos les va mejor que a los blancos, y que los bancos de propiedad negra rechazan a los solicitantes de hipotecas negros

---

[129] Véase Thomas Sowell, *Intellectuals and Race* (New York: Basic Books, 2013), especialmente el capítulo 2. Sowell aborda estas cuestiones en mayor detalle en *Discrimination and Disparities*, rev. ed. (New York: Basic Books, 2019).

en mayor proporción que los bancos de propiedad blanca.[130] Sin embargo, estos hechos no se atribuyen a la discriminación racial y, desde luego, van en contra de la tesis de la «supremacía blanca». Si el sistema económico estuviera amañado para favorecer a los blancos, ¿por qué a los asiático-americanos les va mejor que a los blancos? Si el racismo contra los negros fuera la razón de las diferencias económicas entre blancos y negros, ¿por qué los bancos que son propiedad de negros rechazan a solicitantes negros con más frecuencia que los bancos que son propiedad de blancos? (Los teóricos críticos de la raza intentarían sin duda explicar esto último alegando que los negros han interiorizado una animadversión autodestructiva contra ellos mismos generada por la cultura supremacista blanca circundante. Pero el problema es que no hay ninguna evidencia que sostenga esta afirmación; es simplemente una hipótesis *ad hoc* diseñada para rescatar a la TCR de la refutación a la que la somete la evidencia empírica real).

La Teoría Crítica de la Raza asume que la posición por defecto en todos los asuntos humanos es que todos los grupos raciales y étnicos estarán en paridad con respecto a prosperidad económica, representación proporcional en diversos campos de actividad, etc., y que cuando hay disparidades debe ser porque la discriminación racial ha impedido que dichos grupos raciales alcancen esa paridad. Pero, como muestra Sowell, las pruebas reales de la historia humana van masivamente en contra de estas dos suposiciones. Por un lado, pocas sociedades en la historia, si es que ha habido alguna, se han aproximado siquiera, y mucho menos alcanzado, la representación proporcional o la paridad económica entre grupos.[131] Entonces, ¿qué pruebas reales hay para creer que la representación proporcional y la paridad económica son la situación natural o por defecto? Por otra parte, hay muchísimos casos en los que la discriminación racial no puede haber sido la razón de las disparidades y en los que hay una serie de factores alternativos claramente responsables de ellas.

---

[130] Sowell, *Intellectuals and Race*, 4-5.
[131] Ibid., 10.

En concreto, y como señala Sowell, hay muchos ejemplos en la historia de grupos minoritarios que han superado económicamente a mayorías que eran políticamente dominantes, de modo que la discriminación difícilmente puede ser la explicación de ese superior rendimiento.[132] Por ejemplo, en la capital del Imperio Otomano, Estambul, a comienzos del siglo XX, los no turcos y no musulmanes dominaban la banca y las finanzas, y los griegos y armenios tenían un control desproporcionado sobre la industria. Escribe Sowell: «Las minorías raciales o étnicas que han poseído o dirigido más de la mitad de industrias enteras en determinadas naciones han incluido a los chinos en Malasia, los libaneses en África Occidental, los griegos en el Imperio Otomano, los británicos en Argentina o los judíos en Polonia entre muchos otros».[133] En distintos periodos, la minoría tamil ha dominado la profesión médica en Ceilán, las minorías alemana y japonesa dominaron diversas industrias en São Paulo (Brasil), la minoría india dominó la industria del algodón en Uganda y los inmigrantes italianos en busca de préstamos se vieron especialmente favorecidos por los banqueros en Argentina y Estados Unidos. Y así sucesivamente. En cada uno de estos casos sería ridículo sugerir que el sistema económico estaba de alguna manera amañado a favor de los grupos minoritarios que tuvieron éxito y en contra de la mayoría políticamente dominante, o sugerir también que de alguna manera debe haber habido un «racismo sistémico» a favor de la «supremacía griega» en el Imperio Otomano, o de la «supremacía tamil» en Ceilán, o de la «supremacía italiana» en Estados Unidos. O pensemos en la sobrerrepresentación de los judíos en las artes, las ciencias y en otros campos a mediados del siglo XX, a pesar de haber sido objeto de persecuciones extremas y de que la primera generación de inmigrantes judíos solía ser pobre.[134] ¿Acaso era esto consecuencia de la «supremacía judía» o de una política «sistémica contra los gentiles»? Sólo un

---

[132] Ibid., 8-9.
[133] Ibid., 8.
[134] Sowell, *Discrimination and Disparities*, 11.

antisemita creería semejante disparate. Pero no es menos dispa-
ratado afirmar dogmáticamente que las disparidades en los Estados Unidos contemporáneos simplemente son producto de la
«supremacía blanca» (sobre todo teniendo en cuenta que, como
ya se ha señalado, los asiático-americanos superan a los blancos
en diversos ámbitos).

Muchos de quienes abordan estas cuestiones suponen que si la
discriminación no es la explicación de tales disparidades, entonces la única alternativa debe ser la genética. Pero, como subraya
Sowell, ésta es una disyuntiva falsa. Los resultados económicos
y otros resultados sociales suelen ser complejos, consecuencia de
un gran número de factores. Un resultado puede nacer de varios
requisitos previos, de modo que la ausencia de cualquiera de ellos
impedirá que se produzca dicho resultado, incluso si los demás
están presentes, y su ausencia puede no tener nada que ver ni con
la discriminación ni con la genética.[135] En lo que respecta a las
diferencias históricas en el grado de prosperidad entre naciones,
esos factores pueden incluir el relativo aislamiento geográfico o
el fácil acceso a socios comerciales, la presencia o ausencia de
puertos naturales, la disponibilidad de bestias de carga o la falta
de ellas, contingencias como el resultado de una batalla, etc.[136]
Otro factor puede ser la edad media de un grupo, en la medida
en que la población de un colectivo con una edad media más alta
es probable que incorpore un mayor nivel agregado de experien-
cia, conocimientos y habilidades de diversos tipos.[137] Además, si
una nación llega a tener una ventaja en un determinado ámbito
de actividad, es posible que su población también la lleve con-
sigo en el caso de que emigren. Es por ello que los inmigrantes
alemanes llegaron a tener una gran influencia en la industria cer-
vecera de Estados Unidos, Argentina y Brasil, y los inmigrantes

---

[135] Ibid., 1-6.
[136] Sowell, *Intellectuals and Race*, 10-18.
[137] Ibid., 16.

judíos procedentes de Europa destacaron en la industria de la confección en Estados Unidos y Argentina.[138]

Como indican estos últimos ejemplos, otro factor crucial es la cultura: los valores, creencias, costumbres y hábitos compartidos por un pueblo y transmitidos de generación en generación. De hecho, el historiador y economista David Landes considera que «la cultura es responsable de casi toda la diferencia» en los resultados económicos de un grupo.[139] Dado que la cultura es relativamente estable, sus consecuencias económicas también lo serán a lo largo del tiempo, de modo que los grupos con prácticas culturales más favorables a la prosperidad económica tenderán a mantener sus ventajas económicas sobre otros grupos. Sin embargo, la cultura puede cambiar, y cuando lo hace puede producir un cambio en la suerte económica de un grupo, siendo a menudo ese cambio cultural el requisito previo que faltaba entre los múltiples ingredientes que, como subraya Sowell, son a menudo necesarios para conseguir determinados resultados económicos. Landes analiza el ejemplo del repentino ascenso de Japón hacia la modernización industrial y el poderío económico durante el siglo XIX.[140] Se daban algunos de los requisitos previos necesarios, como un gobierno eficaz, una elevada tasa de alfabetización, una estructura familiar estable, una ética de autodisciplina y trabajo, y un fuerte sentido de la identidad nacional. Pero también apareció una nueva voluntad de abrir Japón a las influencias del exterior y, en particular, la determinación de estudiar y adoptar las prácticas industriales y económicas que habían funcionado en otros pueblos, especialmente los ingleses y los alemanes.

---

[138] Ibid., 15.

[139] David Landes, «Culture Makes Almost All the Difference», en Lawrence E. Harrison y Samuel P. Huntington, eds., *Culture Matters: How Values Shape Human Progress* (New York: Basic Books, 2000). Véase también el libro de Landes *La riqueza y la pobreza de las naciones* (Crítica, 2000).

[140] Landes, «Culture Makes Almost All the Difference», 7-10.

Landes también defiende la famosa tesis de Max Weber de que el auge del capitalismo moderno fue en gran medida un subproducto de la Reforma protestante.[141] Aunque los protestantes rechazaban la idea de que uno pudiera ganarse la salvación con buenas obras, llevar una vida moral se consideraba a menudo como una señal tranquilizadora que indicaba que uno se había salvado. A medida que estos presupuestos teológicos se fueron desvaneciendo con el auge del secularismo, aquel ideal moral se transformó en la noción de que una vida respetable se caracterizaba por virtudes burguesas como la honradez, el trabajo duro, la seriedad, el ahorro y el buen uso del tiempo. Junto con el aumento de la alfabetización que supuso el énfasis protestante en la necesidad de que cada creyente leyera las Escrituras por sí mismo, estos valores dieron lugar a una cultura muy favorable a los negocios y a la acumulación de capital.

El economista camerunés Daniel Etounga-Manguelle sostiene que los valores culturales que tienden a predominar en las sociedades africanas no son tan favorables a los negocios y a la acumulación de capital, y que esto explica las disparidades económicas entre los países africanos y los occidentales.[142] Las sociedades africanas, explica, tienden a orientarse hacia el pasado y a preservar lo que les han transmitido sus antepasados, más que hacia el futuro y a imaginar nuevas posibilidades. En consecuencia, tienden a considerar inmutable el *statu quo* y, por tanto, no tienen incentivos a la planificación a largo plazo ni a trabajar para alcanzar objetivos lejanos. También tienden a ver los acuerdos sociales en términos jerárquicos y estáticos en vez de en términos de una visión más igualitaria y dinámica respecto de la posición que cada uno ocupa en la sociedad, como la que prevalece en Occidente. Esto va acompañado, según Etounga-Manguelle, de una tendencia a considerar que los intereses del individuo están subordinados a los de la familia y la comunidad de modo

---

[141] Ibid., 11-13.
[142] Daniel Etounga-Manguelle, «Does Africa Need a Cultural Adjustment Program?», en Harrison y Huntington, *Culture Matters*.

general, a considerar que la autoridad se deriva más del poder en manos de gobernantes concretos que de leyes abstractas, y a no aceptar actitudes que cuestionen ciertas costumbres establecidas. También se da más importancia a la convivencia, la sociabilidad y el placer que a la eficiencia y el trabajo. Todo ello va en contra del espíritu individualista, emprendedor y ambicioso de las sociedades capitalistas modernas.

Es fundamental subrayar que no se trata de que las actitudes culturales que describe Landes sean buenas y las que describe Etounga-Manguelle sean malas. Ni mucho menos. Desde el punto de vista católico, hay mucho que criticar en la primera y mucho que alabar en la segunda. Los católicos africanos son precisamente conocidos por ser más fieles a la enseñanza tradicional y al Magisterio de la Iglesia que sus hermanos occidentales y los valores expuestos por Etounga-Manguelle obviamente ayudan. Las sociedades capitalistas occidentales, por su parte, no sólo son más seculares, sino también las más propensas a un consumismo vacío y a otros aspectos de lo que el papa San Juan Pablo II condenó como «economicismo». La acumulación de riqueza, la eficiencia económica, la innovación tecnológica y otros fenómenos por el estilo no son en absoluto los valores humanos más elevados, de modo que una cultura que los facilita no es *ipso facto* superior a otras. Incluso puede, una vez se han considerado todos los aspectos en juego, ser inferior a otras.

Al mismo tiempo, si nos limitamos a analizar las disparidades de resultados económicos entre naciones y grupos étnicos, no es razonable negar que las diferentes actitudes y hábitos culturales desempeñen un importante papel. Lawrence Harrison identifica diez valores que diferencian las culturas que él denomina «progresivas» de las «estáticas» y que explican la mayor prosperidad económica de las primeras.[143] En primer lugar, las culturas pro-

---

[143] Lawrence E. Harrison, «Promoting Progressive Cultural Change», en Harrison y Huntington, eds., *Culture Matters*. Véase también el libro de Harrison *Who Prospers? How Cultural Values Shape Economic and Political Success* (New York: Basic Books, 1992).

gresivas se orientan hacia el futuro y hacen hincapié en el control del propio destino, mientras que las culturas estáticas se centran en el presente o en el pasado. En segundo lugar, las culturas progresivas idealizan el trabajo y ven en él tanto satisfacción personal como recompensas económicas, mientras que las culturas estáticas ven el trabajo como una carga. En tercer lugar, las culturas progresivas hacen hincapié en el ahorro y la inversión para el futuro, mientras que las culturas estáticas desconfían del ahorro por considerar que socava el *statu quo* y tienden a considerar la economía como un juego de suma cero. En cuarto lugar, las culturas progresivas hacen hincapié en la educación como clave del progreso, mientras que las culturas estáticas la consideran poco importante, salvo para los miembros de la élite social. En quinto lugar, en las culturas progresivas el éxito se basa principalmente en el mérito, mientras que en las culturas estáticas lo que cuenta es la familia y los contactos. En sexto lugar, en las culturas progresivas el ámbito de confianza y de interacción económica con los demás se extiende a todos los individuos, mientras que en las culturas estáticas están más estrechamente confinados a la propia familia o tribu. En séptimo lugar, las culturas progresivas tienen un código ético que condena enérgicamente la corrupción, el nepotismo y otras prácticas similares, mientras que las culturas estáticas son más tolerantes con tales prácticas. En octavo lugar, y relacionado con lo anterior, las leyes válidas para todas las personas y el juego limpio (en contraposición a los contactos personales o a la capacidad de realizar pagos de dinero) se respetan más en las culturas progresivas que en las estáticas. En noveno lugar, la autoridad tiende a estar más dispersa en las culturas progresivas y más concentrada en las estáticas. En décimo y último lugar, las culturas progresivas tienden a ser más seculares y escépticas, y las estáticas más religiosas y conformistas.

Harrison reconoce que su caracterización simplifica y que pocas culturas, si es que hay alguna, son totalmente «progresivas» o «estáticas» en el sentido que él da a esos términos. Naturalmente, también se pueden discutir algunos detalles de su descripción. Pero sería absurdo negar que una cultura que se aproxime más a lo que él denomina actitudes y hábitos «progresivos» está destinada a ser más próspera económicamente que otra que se aproxime más a lo que él denomina actitudes y hábitos «estáticos». De nuevo, esto no implica que dicha cultura sea mejor en todos los aspectos. La cuestión aquí es simplemente que las diferencias culturales desempeñan claramente un importante papel a la hora de explicar las disparidades económicas entre determinados grupos. Sencillamente, no hay fundamento alguno para insistir en que la discriminación o el «racismo sistémico» *deben* ser la explicación de esas disparidades. Y aunque una persona razonable podría, por supuesto, intentar desarrollar argumentos en contra de las opiniones de los economistas Sowell, Landes, Etounga-Manguelle y Harrison, el problema es que escritores como Kendi y DiAngelo no ofrecen ningún argumento en contra. Al contrario, tachan dogmáticamente de «racista» incluso la sugerencia de que las diferencias culturales, y no el racismo, pudieran explicar las disparidades económicas.

¿Y qué ocurre con otros factores en los que hacen hincapié los teóricos críticos de la raza, como el colonialismo? Que el colonialismo es insuficiente para explicar por qué algunas antiguas colonias están en una situación económicamente peor que los países capitalistas occidentales debería ser obvio por el hecho de que esto no sucede en todas las antiguas colonias. Singapur y Hong Kong son antiguas colonias británicas y Taiwán y Corea del Sur son antiguas colonias japonesas, y todas ellas han prosperado económicamente.[144] El economista ghanés George Ayittey señala que, al menos en algunos países africanos, las antiguas potencias coloniales dejaron infraestructuras cruciales como carreteras, hospitales, universidades, sistemas telefónicos, administración pública y similares, y que estos recursos no se deterioraron de forma grave hasta mucho después de que los colonizadores se marcharan.[145] Como señala Ayittey, la causa más

---

[144] Lawrence E. Harrison, introducción a Harrison y Huntington, eds., *Culture Matters*, xx.

[145] George B. N. Ayittey, *Africa in Chaos* (New York: St. Martin's, 1998),

evidente de los males económicos de tantos países africanos es el sistema económico socialista y otros sistemas estatistas que estos países adoptaron tras la independencia.[146] Sin duda esto fue, en parte, consecuencia del colonialismo, ya que algunas potencias coloniales administraron sus colonias de forma estatista y los gobiernos africanos socialistas poscoloniales conservaron y profundizaron este estatismo. Algunos líderes africanos poscoloniales también aprendieron su hostilidad contra el capitalismo mientras estudiaban en universidades occidentales. Sin embargo, no es éste un aspecto de la herencia colonial que los defensores de la TCR quieran destacar, ya que ellos mismos suelen ser anticapitalistas.[147]

Con mucho, el factor cultural más importante que influye en los dispares resultados entre grupos es la estabilidad relativa de la familia. Eso es precisamente lo esperable, dado que la familia es la unidad social fundamental, de modo que un grupo humano difícilmente puede prosperar cuando ésta es débil, igual que un cuerpo no puede estar sano cuando sus órganos están enfermos. Como enseña el *Catecismo de la Iglesia Católica*, «La familia es la *célula original de la vida social...* La autoridad, la estabilidad y la vida de relación en el seno de la familia constituyen los fundamentos de la libertad, de la seguridad, de la fraternidad en el seno de la sociedad» (2207). El papa Pío XI enseñó en su encíclica *Casti Connubii*:

41–42.

[146] Ibid., 112-18.

[147] Véase Ibram X. Kendi, *Cómo ser antirracista* (Vintage, 2020), 156–63. Hay que añadir que el socialismo no es una extensión de los valores culturales africanos, contrariamente a lo que afirmaban algunos líderes socialistas africanos poscoloniales. Como sostiene Ayittey, en la sociedad africana tradicional no es el individuo la unidad económica y social fundamental, pero tampoco lo es el Estado o la sociedad en su conjunto. Más bien es la familia extensa, donde la propiedad familiar es un tipo de propiedad privada.

como comprueba la historia, la salud de la república y la felicidad de los ciudadanos no puede quedar defendida y segura si vacila el mismo fundamento en que se basa, que es la rectitud del orden moral y si está cegada por vicios de los ciudadanos la fuente donde se origina la sociedad, es decir, el matrimonio y la familia (48).

Del mismo modo, el *Compendio de la Doctrina Social de la Iglesia* dice:

Es evidente que el bien de las personas y el buen funcionamiento de la sociedad están estrechamente relacionados con la prosperidad de la comunidad conyugal y familiar. Sin familias fuertes en la comunión y estables en el compromiso, los pueblos se debilitan. En la familia se inculcan desde los primeros años de vida los valores morales, se transmite el patrimonio espiritual de la comunidad religiosa y el patrimonio cultural de la Nación. En ella se aprenden las responsabilidades sociales y la solidaridad.[148]

El corolario obvio es que los grupos sociales en los que el matrimonio y la familia son débiles están abocados a funcionar peor que aquellos en los que son fuertes, es menos probable que transmitan eficazmente valores morales, religiosos y culturales y es menos probable que produzcan hijos que hayan interiorizado la responsabilidad social y la solidaridad. Todo ello producirá como resultado disparidades de todo tipo, también económicas.

Todo esto es de sentido común, pero es que además las ciencias sociales lo confirman por si quedaba alguna duda. El sociólogo David Popenoe es uno de los muchos y destacados investigadores que han estudiado los efectos catastróficos de la ausencia generalizada de padre y de tener hijos fuera del matrimonio.[149]

---

[148] *Compendio*, no. 213, citando GS, 47: AAS 58 (1966), 1067; cf. *Catecismo de la Iglesia Católica*, no. 2210, en adelante, *Catecismo*.

[149] David Popenoe, *Life Without Father: Compelling New Evidence That Fatherhood and Marriage Are Indispensable for the Good of Children and Society* (New York: Free Press, 1996). Véase también David Blanken-

En cuanto a las familias en las que no hay padre, afirma que «ningún otro grupo es tan pobre y ninguno permanece en la pobreza durante más tiempo», y también que «los hijos de las familias donde sólo está presenta la madre son los más pobres entre los pobres».[150] Este fenómeno ha sido especialmente duro entre las familias y los niños negros estadounidenses. Popenoe escribe:

> La pérdida de los ingresos del padre, por supuesto, no es la única razón del crecimiento de la pobreza infantil en los Estados Unidos, pero es la razón prinicipal. Según se estima, el 51% del aumento de la pobreza infantil observado durante la década de 1980 (el 65% en el caso de los negros) puede atribuirse a cambios en la estructura familiar. De hecho, gran parte de la diferencia de ingresos entre blancos y negros en la actualidad, quizás hasta dos terceras partes, puede atribuirse a las diferencias en la estructura familiar.[151]

Los malos resultados económicos tampoco son los únicos efectos negativos. Popenoe señala que los niños de familias monoparentales tienen muchas más probabilidades de sufrir problemas emocionales y de conducta y de tener un bajo rendimiento escolar.[152] Las niñas que crecen sin su padre biológico tienen más probabilidades de ser precoces en su actividad sexual y de quedarse embarazadas fuera del matrimonio, y el problema no se mitiga cuando hay padrastros. Además, los padrastros y los novios de las madres son más propensos a infligir malos tratos físicos y sexuales (aunque, por supuesto, la mayoría no lo hace) que los padres

---

horn, *Fatherless America: Confronting Our Most Urgent Social Problem* (New York: Harper Perennial, 1996), y James Q. Wilson, *The Marriage Problem: How Our Culture Has Weakened* Families (New York: Harper Collins, 2002).

[150] Popenoe, *Life Without Father*, 54 y 55.

[151] Ibid., 54.

[152] Ibid., 56-57.

naturales, y en general, el maltrato infantil es más frecuente en los hogares en los que el padre biológico está ausente.[153]

Luego está el efecto de la falta de padre en las tasas de delincuencia. Como señala Popenoe, «la delincuencia y la violencia juveniles son provocadas claramente de forma desproporcionada por jóvenes en hogares formados sólo por la madre y en otros hogares en los que el padre biológico no está presente».[154] Esto es especialmente cierto en el caso de los hombres jóvenes. Popenoe escribe:

> El 60% de los violadores en Estados Unidos, el 72% de los asesinos en edad adolescente y el 70% de los presos con condenas de larga duración proceden de hogares sin padre… Esto no es un mero dato estadístico. Los padres son importantes para sus hijos como modelos de conducta. Son importantes para mantener la autoridad y la disciplina. Y son importantes para ayudar a sus hijos a desarrollar tanto el autocontrol como los sentimientos de empatía hacia los demás, rasgos de carácter de los que se ha comprobado que carecen los jóvenes violentos.[155]

Además, los jóvenes que se crían sin padre y que no consiguen formar vínculos estables con una esposa e hijos propios son mucho más propensos a la violencia, el consumo de drogas y otros comportamientos antisociales y de riesgo. Como sostiene Popenoe, no es suficiente atribuir estos comportamientos a la falta de trabajo. Más bien, es la responsabilidad por la esposa y los hijos lo que actúa como fuerza civilizadora sobre los hombres jóvenes, llevándoles a evitar comportamientos peligrosos y a buscar trabajo.[156]

La ausencia de padre y el tener hijos fuera del matrimonio generan estos efectos negativos sea cual sea la raza de los impli-

---

[153] Ibid., 65-73.
[154] Ibid., 62.
[155] Ibid., 63.
[156] Ibid., 75.

cados. Pero la proporción de familias monoparentales entre los estadounidenses de raza negra es mayor que entre los blancos, y la proporción entre los blancos es mayor que la existente entre los estadounidenses de origen asiático.[157] Este hecho ofrece una explicación cultural obvia del motivo de las diferencias económicas y sociales que existen entre estos grupos. Sin embargo, escritores como Kendi no sólo prefieren dogmáticamente atribuir estas disparidades al racismo, sino que además atribuyen esta explicación alternativa a «patriarcas racistas» cuyo llamamiento a recuperar la figura del padre entre la población negra es considerado «sexista».[158] Esto significa, sencillamente, redoblar la apuesta y presentar más distracciones ideológicas *ad hominem* para no afrontar las incómodas pruebas empíricas.

Algunos reconocen los terribles efectos económicos y sociales de la ausencia de padre, pero sin embargo lo atribuyen al racismo en la medida en que es, sugieren, un efecto persistente de la esclavitud. Pero Sowell sostiene que esta idea no resiste el más mínimo análisis:

> Son muchos quienes afirman que el hecho de que tantas familias negras estén formadas por mujeres e hijos, sin la presencia del padre, es herencia de la esclavitud. Sin embargo, la mayoría de los niños negros crecieron en familias biparentales, incluso durante la esclavitud, y también generaciones después. Todavía en 1960 dos tercios de los niños negros vivían en familias biparentales, en las que estaban presentes tanto la madre como el padre. Hace un siglo, el porcentaje de negros casados era ligeramente superior al de blancos… Las razones de los cambios a peor en estos y otros patrones deben buscarse en nuestra propia época. Cualesquiera que sean las razones de la desintegración de la familia negra, ésta se intensificó hasta el desastroso nivel actual mucho más de

---

[157] «Children in Single-Parent Families by Race in the United States», Kids Count Data Center (2019), https://datacenter.kidscount.org/. Accesado el 29 de septiembre de 2021.

[158] Kendi, *Cómo ser antirracista*, 183-184.

un siglo después del fin de la esclavitud, aunque menos de una
generación después de la gran expansión del Estado del bienestar
y de la ideología que lo acompaña.[159]

No es por casualidad que la expansión y la ideología a las que se
refiere Sowell hayan aparecido al mismo tiempo que la revolución
sexual. Y esos factores refuerzan el argumento de Sowell de que
las explicaciones genéticas para las disparidades no son las únicas
alternativas a las explicaciones que atribuyen las disparidades al
racismo. Los cambios culturales pueden generar disparidades y
cuando lo hacen la solución está en revertir esos cambios. Sin
embargo, a pesar del enorme daño que la revolución sexual ha
hecho a las familias negras, no es algo en lo que los escritores
de la TCR estén interesados en dar marcha atrás. Al contrario,
a través de la noción de «interseccionalidad», integran la causa
de la llamada liberación sexual bajo la bandera del antirracismo.

Las ciencias sociales plantean aún más problemas a la Teoría
Crítica de la Raza. Los promotores de la TCR suelen sostener
que incluso quienes afirman sinceramente no ser racistas alber-
gan, no obstante, prejuicios inconscientes en forma de «sesgo
implícito». Afirman que esos prejuicios sutiles suelen dar lugar a
«microagresiones» contra miembros de los grupos raciales minoritarios. Pero, ¿existen pruebas empíricas reales de estas afirmaciones? No las hay, y los intentos de los sociólogos por establecer-
las han sido muy problemáticos. En el caso del sesgo implícito,
persisten varios problemas con las pruebas psicológicas que pretenden demostrar su existencia.[160] En primer lugar, no está claro
que el prejuicio que los investigadores intentan detectar sea real-

---

[159] Sowell, *Intellectuals and Race*, 120-21.
[160] Véase Edouard Machery, «Anomalies in implicit attitudes research», *Wiley Interdisciplinary Reviews: Cognitive Science* (15 de junio
de 2021), y la literatura sociológica evaluada en Jonathan D. Church,
*Reinventing Racism: Why «White Fragility» Is the Wrong Way to Think
about Racial Inequality* (Lanham, Md.: Rowman and Littlefield, 2021),
cap. 2.

mente algo diferente de los prejuicios explícitos con los que ya estamos familiarizados. Hay evidencias de que los sujetos que se someten a pruebas de prejuicio implícito pueden predecir cómo les irá y ajustar sus respuestas en consecuencia, en cuyo caso, ¿en qué nos basamos para definir sus supuestos prejuicios como de tipo implícito? Por otra parte, los sujetos obtienen con frecuencia resultados diferentes al repetir la prueba, lo que indica que los resultados reflejan más lo que es la prueba y las circunstancias en las que se realiza que cualquier rasgo estable de la persona que la realiza. Estas pruebas también resultan ser malos predictores del comportamiento real fuera del contexto de la prueba. De hecho, en algunos casos, las personas a las que las pruebas califican con un elevado prejuicio implícito parecen estar más inclinadas a comportarse de forma positiva con los miembros de grupos minoritarios (quizá precisamente por miedo a que se piense que están sesgadas en su contra).[161] Además, no es fácil determinar de forma científicamente rigurosa qué se considera «prejuicio». Si se define de forma que presuponga las afirmaciones de la Teoría Crítica de la Raza (por ejemplo, en términos de desacuerdo con la tesis de que todas las disparidades son racistas por naturaleza) no será de mucha utilidad, ya que esto simplemente plantearía la cuestión a favor de la TCR en lugar de proporcionar una confirmación científica independiente de la misma.

Como se desprende de un estudio reciente de la bibliografía, el concepto de «microagresiones» no está mejor respaldado por ninguna investigación científica real.[162] Los intentos de establecer la prevalencia de las microagresiones suelen basarse en muestras demasiado pequeñas para ser estadísticamente significativas. Las reacciones subjetivas de los propios investigadores tienden a determinar lo que cuenta como «microagresión» y el sesgo de confirmación es, por tanto, lo que les lleva a ver «microagresio-

---

Church, *Reinventing Racism*, 24-25.

Véase Edward Cantu y Lee Jussim, «Microaggressions, Questionable Science, and Free Speech», *Texas Review of Law and Politics* (16 de abril de 2021).

nes» en sus muestras. Incluso así, los estudios no consiguen demostrar que los propios miembros de los grupos minoritarios supuestamente víctimas de «microagresiones» estén de acuerdo con los investigadores sobre si un comportamiento determinado equivale a una «microagresión».

No solamente no hay pruebas de la existencia de prejuicios implícitos, microagresiones y otras presuntas formas exóticas de racismo, sino que, como han señalado Greg Lukianoff y Jonathan Haidt, ver el mundo a través de las lentes de esos conceptos de la TCR puede, de hecho, causar graves daños a la salud mental.[163] La terapia cognitivo-conductual (o TCC), como señalan, está ampliamente reconocida como uno de los métodos más eficaces para tratar la depresión, la ansiedad, el trastorno obsesivo-compulsivo y otros similares. Entre los factores que conducen a estos trastornos se encuentran una serie de distorsiones cognitivas o malos hábitos de pensamiento que nos inclinan a percibir erróneamente nuestro entorno y a exagerar o inventar dificultades. Entre ellos están el *razonamiento emocional*, que consiste en dejar que nuestros sentimientos determinen cómo interpretamos la realidad en lugar de dejar que la realidad determine si nuestros sentimientos son los adecuados; la *catastrofización*, que consiste en centrarse obsesivamente en el peor resultado posible imaginado en lugar de en lo que las pruebas demuestran que son los resultados más probables; la *sobregeneralización*, que consiste en sacar conclusiones precipitadas basándose en uno o unos pocos incidentes; el *pensamiento dicotómico*, que consiste en ver las cosas en términos de «o lo uno o lo otro» cuando un análisis más sereno revelaría más posibilidades; la *lectura de la mente*, que saca conclusiones precipitadas sobre lo que piensan los demás; el *etiquetar*, asumiendo una descripción simplista de una persona o un fenómeno que oculta una mayor complejidad; el *filtrar negativamente* y *descartar lo positivo*, o buscar sólo pruebas que

---

[163] Greg Lukianoff y Jonathan Haidt, *La transformación de la mente moderna: Cómo las buenas intenciones y las malas ideas están condenando a una generación al fracaso* (Deusto, 2019), cap. 2.

confirmen alguna suposición pesimista mientras se niega o se resta importancia a las pruebas que confirman que las cosas no están tan mal; y la *culpabilización*, que ve en los demás la fuente de los sentimientos negativos en lugar de asumir la propia responsabilidad por ellos.

Obviamente, cuanto más propenso sea uno a estos hábitos de pensamiento, más probable será que vea el mundo en términos excesivamente negativos y que, en consecuencia, se sienta deprimido. Por tanto, la TCC pretende ayudar a los pacientes a identificar estos malos hábitos mentales y a contrarrestarlos. Pero la Teoría Crítica de la Raza fomenta positivamente todas estas distorsiones cognitivas. Enseña el razonamiento emocional en la medida en que opone las «narrativas» personales a los ideales de racionalidad y objetividad, y también en tanto que hace de las reacciones subjetivas de las personas supuestamente ofendidas el criterio para definir si son víctimas de «microagresiones». Fomenta la culpabilización al tratar las acusaciones sobre microagresiones y otras quejas como si nunca pudiera considerarse razonablemente que se deriven de la hipersensibilidad o la paranoia de la persona ofendida. Filtra lo negativo y descarta lo positivo en tanto que define arbitrariamente el «racismo» de forma tan amplia que cualquier cosa puede considerarse racista, incluso lo que históricamente se había considerado un gran avance en la lucha contra el racismo (como las políticas que no toman en consideración el color de la piel o que son racialmente neutrales y la oposición a toda discriminación racial). Del mismo modo, se dedica a etiquetar, ignorando todas las complejas causas de las disparidades y los diferentes motivos que subyacen a las diversas acciones y políticas, limitándose a ponerles el calificativo de «racistas». Promueve el pensamiento dicotómico en la medida en que insiste en que o se está de acuerdo con la TCR o de lo contrario uno deber ser tachado de «racista». Muestra su catastrofismo al negar que todo lo que no sea aplicar las recomendaciones políticas más extremas de la TCR hará que sigamos viviendo en una sociedad racista que ha hecho pocos progresos reales, si es que ha hecho alguno, desde los tiempos de la segregación.

Promueve la lectura de la mente al imputar «prejuicios implícitos», «fragilidad blanca» y otras actitudes racistas a todos los blancos, incluso en ausencia de cualquier prueba objetiva de estas acusaciones. Sobregeneraliza en exceso al tratar cualquier caso particular de injusticia racial real o percibida como si supusiera la confirmación de la visión más extremista de la TCR.

En definitiva, la Teoría Crítica de la Raza fomenta positivamente hábitos mentales paranoicos análogos a los que exhiben las personas que sufren depresión y ansiedad. Mirar el mundo a través de las lentes de la TCR nos lleva a ver racismo incluso donde no existe, a sentirnos fuertemente ofendidos por ese racismo imaginario y a tratar la narrativa de injusticia y agravio resultante como si fuera una prueba confirmatoria de la realidad del racismo imaginario. Como resultado, gran parte del público en general, bajo la influencia de los superventas de Kendi y DiAngelo y de la propaganda inspirada en la TCR, ha llegado a tener una percepción enormemente distorsionada de las relaciones raciales y de la incidencia del comportamiento racista en la sociedad estadounidense contemporánea.

El politólogo Eric Kaufmann ha reunido algunas de las pruebas más relevantes al respecto.[164] Entre otras, señala el drástico descenso de las actitudes y comportamientos racistas en las últimas décadas:

> La proporción de norteamericanos blancos que están de acuerdo en que es permisible discriminar racialmente al vender una vivienda ha descendido del 60% a finales de los años 1980 al 28% en 2012. La aprobación de los matrimonios mixtos entre blancos y negros ha aumentado entre los blancos de alrededor del 4% en 1958 al 45% en 1995 y al 84% en 2013, según Gallup. En 2017, menos del 10% de los blancos en una extensa encuesta de Pew dijeron que el matrimonio interracial era «algo malo»… Por otra parte, los asesinatos policiales de afroamericanos han disminuido

---

[164] Eric Kaufmann, *The Social Construction of Racism in the United States* (New York: The Manhattan Institute, 2021).

entre un 60 % y un 80 % desde finales de la década de 1960 hasta principios de la década de 2000 y se han mantenido en este nivel desde entonces.[165]

Y sin embargo, cada vez más personas situadas en la izquierda del espectro político se han convencido de que la presencia del racismo está aumentando. Kaufmann señala que el porcentaje de los blancos que se definen de izquierdas y que consideran que el racismo es un problema grave ha pasado de menos del 40% en 2014 a más del 80% en 2017.[166] Esto ha ocurrido precisamente en un momento en el que la Teoría Crítica de la Raza y otras ideas «woke» han empezado a influir en las ideas predominantes en la izquierda, especialmente a través de las redes sociales. La exposición a estos discursos afecta evidentemente a las percepciones de las personas, incluso de sus propias circunstancias, por no hablar del estado de las relaciones raciales en la sociedad en su conjunto. Como señala Kaufmann, «los encuestados negros con presencia en las redes sociales en 2016 eran considerablemente más propensos a declarar haber sufrido alguna discriminación que los que no estaban en las redes sociales».[167]

La ideología y las redes sociales tienen también un efecto dramático en la percepción pública de las actitudes de la policía hacia los grupos minoritarios. Por ejemplo, la cobertura mediática de varios casos muy sonados ha llevado a muchos a exagerar enormemente la incidencia de la violencia policial contra los estadounidenses de raza negra. Como escribe Kaufmann:

Ocho de cada 10 afroamericanos encuestados creen que los jóvenes negros tienen más probabilidades de morir tiroteados por la policía que de morir en un accidente de tráfico; uno de cada 10 no está de acuerdo con dicha afirmación. En una muestra de blancos de alto nivel educativo que se identifican de izquierdas,

---

[165] Ibid., 9.

[166] Ibid., 18.

[167] Ibid., 10.

más de seis de cada 10 estaban de acuerdo con esa afirmación. En realidad, mueren muchos más jóvenes afroamericanos en accidentes de tráfico que por disparos de la policía...

Sólo una quinta parte de quienes se identifican como de izquierdas, pero cerca de la mitad de los de derechas, dieron la respuesta correcta a una pregunta sobre cuántos hombres negros desarmados fueron asesinados por la policía en 2019. El 54% de los estadounidenses «muy de izquierdas» pensaba que habían muerto más de 1.000, frente a la cifra real de entre 13 y 27.[168]

O pensemos en el asesinato de George Floyd a manos del agente de policía Derek Chauvin, que provocó disturbios que causaron veinticinco muertos y más de mil millones de dólares en daños materiales, así como a la repentina publicidad e influencia sin precedentes de la Teoría Crítica de la Raza. Muchos asumen que el asesinato tuvo una evidente motivación racial. Sin embargo, cuando se cuestionó por qué los fiscales no acusaron a Chauvin de un delito de odio, el fiscal general de Minnesota, Keith Ellison, que es negro y políticamente de izquierdas, dijo: «Yo no lo llamaría así porque los delitos de odio son crímenes en los que hay un motivo explícito [...] basado en un prejuicio. No tenemos ninguna prueba de que Derek Chauvin tuviera en cuenta la raza de George Floyd al hacer lo que hizo».[169] Ellison atribuyó las acciones de Chauvin a su arrogancia y, en particular, a su negativa a escuchar a la multitud que le advertía de que el modo excesivo en que estaba sujetando a Floyd por el cuello ponía en peligro su vida.

Aunque se mostró de acuerdo en que la raza desempeña un papel en la forma en que la policía trata a veces a los distintos

---

[168] Ibid., 5 y 16.

[169] Entrevista en *60 Minutes*, 20 de junio de 2021, https://www.cbsnews.com/news/derek-chauvin-prosecutors-george-floyd-death-60-minutes-2021-06-20/.

ciudadanos, Ellison subrayó que otros factores, como la clase social, son a menudo más significativos:

> Si un agente no tira al suelo a un neurólogo blanco en Eden Prairie, Minnesota, y no se sienta encima de su cuello, ¿actúa así porque se trata de un hermano blanco? No. Lo hace porque piensa: «Se trata de una persona importante y si la trato mal alguien me va a cuestionar por ello. Esta persona probablemente tiene abogados. Probablemente conozca al gobernador. Probablemente tiene contactos. Puedo ver la forma en que viste y la forma en que habla, y veo que es "alguien" importante». En realidad, de eso se trata.[170]

El asesinato de Floyd fue una grave injusticia, e incluso si no fue por motivos raciales, eso no implica que la raza no desempeñe ningún papel en otros casos de brutalidad policial. Pero esto, sencillamente, no demuestra que tengamos que aceptar la Teoría Crítica de la Raza, como tampoco la realidad de las injusticias económicas demuestra que tengamos que abrazar el marxismo. Las afirmaciones de la TCR no están respaldadas por ninguna prueba empírica. Más bien las interpretan ideólogos cuyo pensamiento está, como hemos visto, muy influido por diversas distorsiones cognitivas y falacias lógicas.

---

[170] Ibid.

7

El catolicismo frente a la Teoría
Crítica de la Raza

Como ya se ha señalado, la Teoría Crítica de la Raza reformula
en términos raciales algunos de los temas clave del marxismo y
del postmodernismo. Ahora bien, la Iglesia ha condenado siste-
mática y enérgicamente las ideas clave del marxismo y todas las
demás formas de socialismo y comunismo, junto con el relativismo y otros aspectos característicos del posmodernismo. De ello
se deduce que la TCR, que es una mera variación de estas per-
versas ideas, no es más compatible con la enseñanza de la Iglesia
de lo que lo son el marxismo y el postmodernismo.

Por ejemplo, la Iglesia ha condenado la tesis marxista de que
las clases sociales, los ricos y los pobres, el capital y el trabajo,
son inherente y necesariamente hostiles entre sí. Por ejemplo, en
la *Rerum Novarum*, el papa León XIII describe esta tesis como
«ajena a la razón y a la verdad» e insiste en que, en realidad, «la
naturaleza ha dispuesto que, en la sociedad humana, dichas clases concuerden armónicamente y se ajusten para lograr el equi-
librio» (14). Difícilmente puede ser menos ajeno a la razón y a
la verdad sostener, como hace la TCR, que la «antinegritud» es
intrínseca a la «identidad blanca», de modo que la relación entre
blancos y no blancos es inherentemente una relación de opresor
y oprimido. El análisis racial de la TCR es tan divisivo y contrario a la armonía social como lo es el análisis de clase marxista,
y la demonización de la «blancura» por parte de la TCR no es
por tanto más compatible con la doctrina social católica que la

demonización marxista de los «burgueses» y del «capital». Y es potencialmente tan violenta como ha demostrado ser esta última. De hecho, un escritor influido por la TCR, en un libro que recibió mucha atención e incluso algunos elogios en los medios de mayor difusión, ha defendido que se provoquen disturbios y se realicen saqueos en nombre del antirracismo.[171]

Aunque la Iglesia manda que los ricos ayuden a los pobres, también deja claro que esto no tiene nada que ver con el objetivo socialista de igualación económica. Porque, aunque la distinción quede a menudo difuminada en el calor de la retórica política, hay una importante diferencia entre eliminar la pobreza y eliminar la desigualdad. También hay diferencia entre afirmar que los seres humanos son iguales en su dignidad y derechos básicos y pretender que todos deben poseer la misma cantidad de riqueza, que todos deben estar igualmente representados en cada profesión, etc. De hecho, la Iglesia ha condenado repetidamente la tesis de que las desigualdades de riqueza y similares son intrínsecamente injustas. En la *Rerum Novarum*, el papa León XIII enseña:

> no se puede igualar en la sociedad civil lo alto con lo bajo. Los socialistas lo pretenden, es verdad, pero todo es vana tentativa contra la naturaleza de las cosas. Y hay por naturaleza entre los hombres muchas y grandes diferencias; no son iguales los talentos de todos, no la habilidad, ni la salud, ni lo son las fuerzas; y de la inevitable diferencia de estas cosas brota espontáneamente la diferencia de fortuna (13).

Y en *Humanum Genus*, el Papa escribe:

> nadie pone en duda la igualdad de todos hombres si se consideran su común origen y la naturaleza, el fin último a que todos están ordenados y los derechos y obligaciones que de aquéllos

---

[171] Vicky Osterweil, *In Defense of Looting* (New York: Bold Type Books, 2020).

espontáneamente derivan. Pero como no pueden ser iguales las cualidades personales de los hombres y son muy diferentes unos de otros en los dotes naturales de cuerpo y de alma y son muchas las diferencias de costumbre, voluntades y temperamentos, nada hay más contra rio a la razón que pretender abarcarlo y confundirlo todo en una misma medida y llevar a las instituciones civiles a una igualdad jurídica tan absoluta (17).

El papa San Pío X enseñó lo mismo. Criticando el movimiento socialista religioso de «*Le Sillon*» en la encíclica *Notre Charge Apostolique*, escribe:

> «Le Sillon» se esfuerza, así lo dice, por realizar una era de igualdad, que sería, por esto mismo, una era de justicia mejor. ¡Por esto, para él, toda desigualdad de condición es una injusticia o, al menos, una justicia menor! Principio totalmente contrario a la naturaleza de las cosas, productor de envidias y de injusticias y subversivo de todo orden social (21).

Esta enseñanza aparece en otros escritos pontificios y fue reiterada por los papas Pío XI y Pío XII.[172] En línea con esta enseñanza tradicional, el documento de 1988 del Pontificio Consejo Justicia y Paz *La Iglesia ante el racismo*, al tiempo que advierte de que «ningún grupo humano se puede engreír de poseer sobre otros una superioridad de naturaleza», también afirma que:

---

[172] Cf. León XIII, carta encíclica *Quod Apostolici Muneris* (28 de diciembre, 1878), no. 9; Pío X, motu proprio *Fin Dalla Prima* (18 de diciembre, 1903); Pío XI, carta encíclica *Divini Redemptoris* (19 de marzo, 1937), no. 33; y Pío XII, alocución del 4 de junio de 1953, citada en Ronald J. Rychlak, «*Pope Pius XII on Social Issues*», en *Catholic Social Teaching: A Volume of Scholarly Essays*, eds. Gerard V. Bradley y E. Christian Brugger (Cambridge: Cambridge University Press, 2019), 132.

Si los hombres y las comunidades humanas, son todos iguales en dignidad, ello no quiere decir que todos disfrutan, simultáneamente, de las mismas capacidades físicas, los mismos dones culturales, las mismas fuerzas intelectuales y morales, el mismo estadio de desarrollo. La igualdad no es uniformidad. Importa reconocer *la diversidad y la complementariedad* de las riquezas culturales y las cualidades morales de unos y de otros. La igualdad de trato presupone así un cierto *reconocimiento de la diferencia*, que las minorías reclaman a fin de desenvolverse según su genio propio, en el respeto de los demás y del bien común de la sociedad y de la comunidad mundial (23).

La Iglesia no sólo rechaza el igualitarismo radical en cuanto a las condiciones materiales. La Iglesia también condena la afirmación de que todas las *culturas* son igualmente buenas en sus aspectos más importantes, de acuerdo con la tesis relativista de que no existen criterios objetivos que estén por encima de las culturas y en base a los que éstas puedan ser juzgadas. El papa San Pablo VI condenó «el auge de un deplorable relativismo moral, que llevaría fácilmente a discutir todo el patrimonio de la doctrina de la Iglesia».[173] El papa San Juan Pablo II también advirtió de «los peligros del relativismo»[174] y el papa Benedicto XVI de «una dictadura del relativismo».[175] El Antiguo Testamento condena repetidamente las culturas de los pueblos que rodeaban al antiguo Israel por su depravación moral y religiosa, y advierte a los israelitas de que no las imiten. San Pablo, en la Epístola a los Romanos, condena la idolatría y la inmoralidad sexual de las culturas paganas de su tiempo. En general, la Iglesia condena «la falsa opinión de los que piensan que todas las religiones son, con

---

[173] Paul VI, Alocución a los miembros de la Congregación del Santísimo Redentor (septiembre de 1967), citado en Juan Pablo II, carta encíclica *Veritatis Splendor* (6 de agosto de 1993), no. 80, nota 131.

[174] Juan Pablo II, carta encíclica *Veritatis Splendor*, no. 112.

[175] *Homilía de Su Eminencia el Cardenal Joseph Ratzinger* (18 de abril de 2005).

poca diferencia, buenas y laudables»[176] y enseña que aunque «los no cristianos pueden recibir la gracia divina, también es cierto que objetivamente se hallan en una situación gravemente deficitaria si se compara con la de aquellos que, en la Iglesia, tienen la plenitud de los medios salvíficos».[177] Si algunas culturas pueden ser objetivamente peores que otras en los aspectos necesarios para la salvación, entonces también pueden ser peores que otras en las cuestiones necesarias para la prosperidad económica y para la consecución de otros bienes materiales. Hay que insistir en que esto no significa que todas las desigualdades sean justificables. Pero sí implica que no hay nada «racista» u objetable en explicar algunas disparidades en términos de factores de comportamiento y culturales (como la estabilidad o inestabilidad familiar, el valor que se da a la educación, etc.).

Dada la doctrina de la Iglesia sobre la homosexualidad y las diferencias objetivas y complementarias entre hombres y mujeres, tampoco puede la Iglesia aceptar la postura de la TCR de que la visión tradicional acerca de la moral sexual, los roles de género y otras cuestiones en este ámbito son «sexistas», «homófobas» y «transfóbicas» y, por tanto, comparables al racismo.

A pesar de que pueda haber una coincidencia superficial en algunas de las cuestiones a las que da importancia tanto la doctrina social católica como la Teoría Crítica de la Raza (como que el racismo es un mal o la preocupación, al menos verbal, por los pobres), los fundamentos de la TCR sobre la naturaleza humana y la vida social reflejan un igualitarismo radical que es profundamente contrario a la ley natural y a la teología moral católica.

Si la doctrina católica es incompatible con el diagnóstico sobre la injusticia social de la TCR, también lo es con los remedios que ésta propone. Quienes propugnan la TCR como Kendi abogan por la discriminación racial contra los blancos y en favor

---

[176] Pío XI, carta encíclica *Mortalium Animos* (6 de enero de 1928), no. 2.

[177] Congregación para la Doctrina de la Fe, declaración *Dominus Iesus* (6 de agosto de 2000), no. 22.

de los no blancos. Pero la Iglesia enseña que «es moralmente inaceptable cualquier teoría o comportamiento inspirados en el racismo y en la discriminación racial».[178] La Iglesia también enseña
que «los problemas socioeconómicos sólo pueden ser resueltos
con la ayuda de todas las formas de solidaridad», es decir, de la
«amistad», la «caridad social» y la «fraternidad».[179] Mediante esta
solidaridad, «las tensiones puedan ser mejor resueltas, y los conflictos encuentran más fácilmente su solución negociada».[180] Por
el contrario, quienes promueven la TCR rechazan la moderación
del movimiento por los derechos civiles, insisten en acaparar el
poder en lugar de cambiar las mentalidades mediante la persuasión racional, y tachan sin cesar como racistas a todos aquellos
que se atreven a discrepar con ellos.

Estos defensores de la TCR consideran la vida social como
un conflicto entre intereses raciales intrínsecamente opuestos en
lugar de una asociación entre amigos o connacionales. En consecuencia son partidarios de que las tensiones sociales crezcan,
insistiendo en que todos los blancos sean considerados cómplices
de la opresión e interpretando todas las ofensas como «microagresiones» racistas y «prejuicios implícitos».

El documento de 1988 *La Iglesia ante el racismo*, al tiempo que
pide el fin del sistema del *apartheid* que entonces existía en Sudáfrica, advierte también contra «los reflejos racistas de los oprimidos, que serían tan inaceptables como los que hoy padecen»
(9), y contra «reemplazar, mediante la violencia, una situación
injusta por otra» (33). Y advierte gravemente contra la deshumanización de aquellos a quienes se les acusa de racismo:

> La Iglesia, en su denuncia del racismo, procura mantener una ac
> titud evangélica respecto de todos. En esto consiste su originali
> dad. Si ella no teme analizar lúcidamente las causas del racismo y
> manifestar su desaprobación, incluso delante de los responsables,

---

[178] *Compendio*, no. 433. Cf. *Catecismo*, no. 1935.
[179] *Catecismo*, nos. 1939 y 1941.
[180] Ibid., 1940.

procura también comprender cómo se ha podido llegar a estos
extremos, y querría ayudar a encontrar una salida razonable del
callejón en el cual aquéllos responsables se han encerrado. Como
Dios, que no se regocija con la muerte del pecador, la Iglesia mira
más bien a su reconciliación, si consiente en reparar las injusticias
cometidas. Ella se preocupa también de evitar que las víctimas
recurran a la lucha violenta y acaben por caer en un racismo aná-
logo al que rechazan. Quiere ofrecer un espacio de reconciliación
y no acentuar las oposiciones. Exhorta a obrar de tal modo que
se excluya el odio. Predica el amor y prepara pacientemente un
cambio de mentalidad, sin el cual un cambio de estructuras sería
inútil (27).

Nada más lejos del espíritu paranoico, amargado y vengativo de
la Teoría Crítica de la Raza.

Como han señalado muchos de quienes critican la Teoría Crítica de la Raza, si se sustituyeran expresiones como «blancura»
y «supremacía blanca» por términos como «judeidad» y «supre-
macismo judío», sería difícil distinguir la narrativa de la TCR de
la propaganda del nazismo. Sus propuestas son, en muchos aspectos, equiparables, aunque la TCR no haya llegado (¿todavía?)
a niveles de violencia similares. Y también tiene implicaciones
manifiestamente totalitarias. La TCR afirma que el racismo impregna todos los aspectos de la vida humana, incluso las moti-
vaciones inconscientes y las acciones aparentemente inocentes
de individuos que creen no ser racistas. Afirma que cualquier
crítica a esta afirmación es, en sí misma, una manifestación de
ese racismo omnipresente. Sostiene que no es a través de la argumentación racional, sino más bien a través de la obtención de
poder para promulgar leyes y políticas capaces de eliminar todo
vestigio de desigualdad racial como se puede poner remedio a
ese supuesto racismo. Mantiene que valores como la libertad de
expresión, los derechos individuales o las políticas que no tienen
en cuenta el color de la piel no son más que una cortina de humo
para ocultar los intereses de la «supremacía blanca». Afirma que
no existen criterios neutrales u objetivos a partir de los que quie-

nes critican la TCR puedan demostrar lo contrario. En definitiva, proclama que sólo es legítimo su propio proyecto de imponer el «poder antirracista» contra las fuerzas que sostienen el «poder racista», donde esta última categoría incluye a cualquiera que se atreva a disentir de la visión del mundo de la TCR.

No hay forma de poner en práctica esta visión del mundo sin el tipo de control total sobre la sociedad que los nacionalsocialistas se aseguraron sobre la sociedad alemana y los comunistas leninistas, estalinistas y maoístas se aseguraron sobre las sociedades rusa y china. Como advirtió el papa San Juan Pablo II en la encíclica *Centesimus Annus*:

> En los regímenes totalitarios y autoritarios se ha extremado el principio de la primacía de la fuerza sobre la razón. El hombre se ha visto obligado a sufrir una concepción de la realidad impuesta por la fuerza, y no conseguida mediante el esfuerzo de la propia razón y el ejercicio de la propia libertad. Hay que invertir los términos de ese principio y reconocer íntegramente los derechos de la conciencia humana, vinculada solamente a la verdad natural y revelada (29).
>
> El totalitarismo, en la forma marxista-leninista, considera que algunos hombres, en virtud de un conocimiento más profundo de las leyes de desarrollo de la sociedad, por una particular situación de clase o por contacto con las fuentes más profundas de la conciencia colectiva, están exentos del error y pueden, por tanto, arrogarse el ejercicio de un poder absoluto. A esto hay que añadir que el totalitarismo nace de la negación de la verdad en sentido objetivo (44).

La Teoría Crítica de la Raza se basa precisamente en esa «negación de la verdad en sentido objetivo» y, al igual que los totalitarios marxistas-leninistas, sus partidarios se atribuyen un «conocimiento más profundo» de la realidad social que les justifica para tomar el «poder absoluto» con el que imponer su visión del mundo por la fuerza en lugar de por la razón y la apelación a la conciencia de los demás.

Al igual que el marxismo y el nazismo, la Teoría Crítica de la Raza no puede dejar la religión fuera de sus designios totalitarios. Kendi opone la «teología de la liberación» a lo que él denomina «teología del salvador» e insiste en que sólo la primera es aceptable desde el punto de vista de la TCR. Kendi sostiene que:

> Jesús fue un revolucionario y la tarea del cristiano es revolucionar la sociedad [...] liberar a la sociedad de los poderes de la Tierra que oprimen a la humanidad [...] Esa es, en pocas palabras, la teología de la liberación. La teología del salvador es un tipo de teología diferente. Es una teología que considera que la tarea del cristiano es salir y salvar a los individuos que tienen un comportamiento deficiente. En otras palabras, deberíamos traerlos a la Iglesia, a estos individuos que están haciendo todas estas cosas malas y pecaminosas, y curarlos. Y salvarlos. Y entonces, una vez que los hemos salvado, ya habremos cumplido nuestra tarea [...] Los antirracistas rechazan de plano la teología del salvador, que va en la línea de las ideas racistas y de la teología racista.[181]

Lo que Kendi califica como «teología del salvador» y denuncia como cómplice del racismo no es, por supuesto, otra cosa que la teología cristiana tradicional básica. Y la reformulación politizada del cristianismo que él llama «teología de la liberación" ya ha sido condenada por la Iglesia. El papa San Juan Pablo II enseñaba que:

> Esta idea de Cristo como una figura política, como un revolucionario, como el hombre subversivo de Nazaret, no concuerda con la catequesis de la Iglesia... Los Evangelios muestran claramente que para Jesús todo lo que alterara su misión de Siervo de Yahvé

---

[181] «How to Be Anti-Racist: Ibram X. Kendi in Conversation with Molly Crabapple», en el Judson Memorial Church de New York, 15 de agosto de 2019. Un video del evento se puede ver en YouTube, https://www.youtube.com/watch?v=BhbbmjqcRvY. Accesado el 2 de octubre de 2021.

era una tentación. No acepta la posición de quienes mezclaban las cosas de Dios con actitudes meramente políticas [...] La perspectiva de su misión es mucho más profunda. Consiste en la salvación completa mediante un amor transformador, pacificador, indulgente y reconciliador.[182]

El cardenal Joseph Ratzinger, que fue prefecto de la Congregación para la Doctrina de la Fe con Juan Pablo II y más tarde se convertiría en el papa Benedicto XVI, advirtió de que «el fenómeno de la teología de la liberación [...] constituye una amenaza fundamental para la fe de la Iglesia».[183] En 1984, la Congregación para la Doctrina de la Fe presidida por Ratzinger publicó, bajo la dirección del papa Juan Pablo II, una instrucción en la que criticaba los elementos distintivos de ciertas denominadas «teologías de la liberación», lamentando su «politización radical de las afirmaciones de la fe» y señalando que «algunos se sienten tentados a poner el acento de modo unilateral sobre la liberación de las esclavitudes de orden terrenal y temporal, de tal manera que parecen hacer pasar a un segundo plano la liberación del pecado, y por ello no se le atribuye prácticamente la importancia primaria que le es propia».[184] El documento señala que es especialmente peligroso el modo en que los teólogos de la liberación adoptan ciertas ideas del marxismo y señala como ejemplos la división de la sociedad en clases intrínsecamente hostiles entre sí y la tendencia dogmática a descartar toda crítica como una cortina de humo para preservar las fuerzas de la opresión:

> se hace extremamente difícil, por no decir imposible, obtener de algunos «teólogos de la liberación» un verdadero diálogo en el cual el interlocutor sea escuchado y sus argumentos sean discuti-

---

[182] *Alocución de Su Santidad Juan Pablo II* (28 de enero de 1979).

[183] Joseph Cardenal Ratzinger y Vittorio Messori, *Informe sobre la fe* (Biblioteca de Autores Cristianos, 1985), 175.

[184] Congregación para la Doctrina de la Fe, *Instrucción sobre algunos aspectos de la «teología de la liberación»* (6 de agosto de 1984).

dos objetivamente y con atención. Porque estos teólogos parten, más o menos conscientemente, del presupuesto de que el punto de vista de la clase oprimida y revolucionaria, que sería la suya, constituye el único punto de vista de la verdad. Los criterios teológicos de verdad se encuentran así relativizados y subordinados a los imperativos de la lucha de clases (3).

Es difícil imaginar una descripción más perfecta de la mentalidad de Kendi y otros apóstoles de la Teoría Crítica de la Raza.

El cardenal Ratzinger también advierte de la ingenuidad de suponer que se puede aceptar la concepción marxista de la sociedad como una lucha entre grupos intrínsecamente hostiles y, al mismo tiempo, rechazar el resto del sistema marxista, pues están tan interconectados conceptualmente que aunque se crea que se puede «aceptar solamente lo que se presenta como un análisis, resulta obligado aceptar al mismo tiempo la ideología». En concreto, la noción de «lucha de clases» de ninguna manera implica simplemente el malestar social que toda sociedad experimenta en mayor o menor grado, sino que «conserva la interpretación que Marx le dio» y conlleva «simplificaciones que... impiden de hecho un análisis verdaderamente riguroso de las causas de la miseria». Citando una advertencia similar del papa San Pablo VI, el Cardenal Ratzinger dice:

> Si bien en la doctrina del marxismo [...] pueden distinguirse diversos aspectos [...] es sin duda ilusorio y peligroso olvidar el lazo íntimo que los une radicalmente, el aceptar los elementos del análisis marxista sin reconocer sus relaciones con la ideología, el entrar en la práctica de la lucha de clases y de su interpretación marxista, omitiendo el percibir el tipo de sociedad totalitaria y violenta a la que conduce este proceso.[185]

---

[185] Ibid., no. 7. Cita de Pablo VI, carta apostólica *Octogesima Adveniens* (14 de mayo de 1971), no. 34.

Quienes conozcan la historia de la Unión Soviética, la China maoísta y otros regímenes comunistas del siglo XX sabrán exactamente cómo es ese tipo de sociedad. Como lamenta el cardenal Ratzinger:

> Millones de nuestros contemporáneos aspiran legítimamente a recuperar las libertades fundamentales de las que han sido privados por regímenes totalitarios y ateos que se han apoderado del poder por caminos revolucionarios y violentos, precisamente en nombre de la liberación del pueblo. No se puede ignorar esta vergüenza de nuestro tiempo: pretendiendo aportar la libertad se mantiene a naciones enteras en condiciones de esclavitud indignas del hombre. Quienes se vuelven cómplices de semejantes esclavitudes, tal vez inconscientemente, traicionan a los pobres que intentan servir.
>
> La lucha de clases como camino hacia la sociedad sin clases es un mito que impide las reformas y agrava la miseria y las injusticias. Quienes se dejan fascinar por este mito deberían reflexionar sobre las amargas experiencias históricas a las cuales ha conducido.[186]

Tales advertencias no pierden nada de su fuerza cuando se sustituye el concepto de «clase» por el de «raza». De hecho, esta sustitución da como resultado algo que recuerda a la otra principal ideología totalitaria del siglo XX, el nacionalsocialismo. Las pretensiones moralistas de los escritores de la TCR no deberían engañarnos sobre esta equivalencia. Como nos recuerda la historiadora Claudia Koonz en su libro *La conciencia nazi*, el movimiento nacionalsocialista de Hitler no creía que su proyecto fuera algo perverso, como tampoco lo creían muchos de quienes apoyaron aquel movimiento en su intento de hacerse con el poder.[187] Al contrario, afirmaban que el nazismo representaba un

---

[186] Congregación para la Doctrina de la Fe, *Instrucción*, nos. 10 y 11.
[187] Claudia Koonz, *The Nazi Conscience* (Cambridge, Mass.: Harvard University Press, 2003).

proyecto *moral*, y lo decían sinceramente, aunque aquella afirmación fuera delirante.

Como señala Koonz, ese proyecto tenía cuatro componentes principales. En primer lugar, entendía los grupos étnicos de forma colectivista, considerándolos equiparables a organismos, de los que cada miembro individual forma parte, que pueden estar sanos o enfermos. En segundo lugar, era relativista y consideraba que lo que es bueno o malo es relativo a cada grupo étnico, por lo que consideraba que el individuo debía comportarse de modo que reflejara la solidaridad con su propio grupo y no de acuerdo con alguna norma exterior al grupo. En tercer lugar, propugnaba una postura agresiva de un grupo hacia otros grupos, en concreto hacia aquellos que se consideraban una amenaza para el propio grupo. En cuarto lugar, sostenía que el sistema jurídico de una sociedad debería tener en cuenta la amenaza que un grupo étnico supone para otro, tratando de forma diferente a los ciudadanos que pertenecen al grupo racial considerado un peligro, de forma análoga a cómo se trata a un «parásito» que pone en peligro la salud de su huésped. Este proyecto se presentaba a menudo de forma académica, desapasionada y objetiva, y se consideraba que tenía implicaciones morales comunitarias que exigían que una buena persona se comportara según los intereses de su grupo (los alemanes étnicos) y luchara contra los grupos que supuestamente suponían una amenaza para él (como los judíos).

Aunque, por supuesto, existen importantes diferencias entre el nacionalsocialismo y la Teoría Crítica de la Raza, resulta inquietante lo mucho que se asemeja esta caracterización de «la conciencia nazi» a la visión del mundo de la TCR. De nuevo, si sustituimos «judíos» por «blancos» y «alemanes» por «personas de color», el parecido es espeluznante. Las afirmaciones relativistas del teórico de la TCR Robin DiAngelo de que «contrariamente a la ideología del individualismo [...] representamos a nuestros grupos y a los que nos han precedido» y que «no vemos a través de una mirada clara u objetiva, vemos a través de lentes raciales» podrían haber salido directamente de uno de los libros que exponían la teoría racial nacionalsocialista.[188]

Su afirmación de que la «antinegritud» es inherente a la «identidad blanca» es paralela a la opinión nazi de que los judíos eran intrínsecamente una amenaza para la salud de la nación alemana. El rechazo de Ibram Kendi a una política no basada en el color de la piel y su defensa de la discriminación son un eco de la postura nazi de que el Estado debe tratar de forma diferente a sus ciudadanos étnicamente alemanes y judíos. Su comparación de la supuesta omnipresencia de la supremacía blanca con un «cáncer metastásico en estadio 4» recuerda la afirmación nazi de que ciertas razas eran «parásitos» que amenazaban la salud del pueblo alemán.

A lo largo de su historia, la Iglesia ha tenido que enfrentarse en numerosas ocasiones a este tipo de perversos delirios. El politólogo Eric Voegelin sostenía que las ideologías totalitarias del siglo XX, el marxismo y el nacionalsocialismo, eran herederas modernas de la herejía gnóstica que asoló a la Iglesia primitiva y reapareció bajo muchas formas diferentes en siglos posteriores.[189] La Teoría Crítica de la Raza muestra los mismos rasgos generales.[190] La cosmovisión gnóstica consiste, en primer lugar, en ver

---

[188] Como ha señalado el teórico social católico Heinrich Rommen sobre las teorías racistas de la naturaleza humana como la de los nazis, tales teorías sostienen que no son «los méritos de las razones objetivas» los que determinan lo que el individuo piensa y hace, sino «la voz subconsciente interior de la sangre, la raza, etc.» la que lo hace; «el individuo [...] no puede elevarse por encima de estos elementos por la fuerza de la razón, sino que está inmerso en esa corriente inexorable». *The State in Catholic Thought* (St. Louis: B. Herder, 1950), 75. Esta visión es difícil de distinguir de la postura supuestamente «antirracista» de DiAngelo, Kendi y otros teóricos críticos de la raza.

[189] Eric Voegelin, *La nueva ciencia de la política* (Katz, 2006).

[190] Cf. Edward Feser, «The Gnostic Heresy's Political Successors», *Catholic World Report*, 31 de enero de 2021. Disponible en https://www.catholicworldreport.com/2021/01/31/the-gnostic-heresys-political-successors/.

el mal como omnipresente y casi omnipotente, profundamente
enraizado en el orden establecido de las cosas. Para los primeros gnósticos, este orden maligno se identificaba con el reino del
Dios del Antiguo Testamento; para los marxistas, se identifica
con el capitalismo; y para los nazis con el judaísmo mundial. Para
la TCR se trata de la «supremacía blanca». En segundo lugar, los
gnósticos sostenían que sólo los elegidos que han recibido una
gnosis especial o «conocimiento» de un sabio gnóstico pueden
ver a través de las apariencias de las cosas la maligna realidad
subyacente. Para los primeros gnósticos, fueron maestros como
Marción, Mani y otros influyentes heresiarcas quienes transmi-
tieron esta gnosis; para los marxistas, son Marx, Engels y otros
teóricos quienes la transmiten; para los nazis, fue Hitler. La Teoría Crítica de la Raza funciona como una nueva *gnosis* que supuestamente revela a sus seguidores la opresión racial invisible
bajo la que viven, con gurús superventas como Kendi y DiAngelo haciendo las veces de modernos Marciones y Manis.

En tercer lugar, los gnósticos sostenían una división maniquea
del mundo entre las fuerzas del mal, por un lado, y por otro, los
«puros», aquellos que están armados con la *gnosis* para resistir a
las fuerzas del mal en la gran lucha final (de hecho, la herejía maniquea original era precisamente una variación del gnosticismo).
Para el marxismo, esta guerra maniquea es una lucha entre el
opresor capitalista, por un lado, y el proletariado y su vanguardia
intelectual, por otro; para el nazismo, es una guerra entre el judaísmo mundial y sus aliados contra la nación alemana dirigida
por el partido nazi; y para la Teoría Crítica de la Raza es un
conflicto entre la «supremacía blanca» y el «antirracismo». En
cuarto lugar, los gnósticos postulaban la victoria final sobre ese
poder maligno, que implicaría la liberación del mundo material,
que los gnósticos consideraban también maligno. Aquí es donde
los herederos modernos del gnosticismo, que son materialistas
y no tienen esperanza en una vida más allá de ésta, difieren más
radicalmente de su antiguo precursor (como dijo Voegelin en su
célebre expresión, «inmanentizan el *eschaton*», es decir, reubican
la victoria final de los justos en este mundo y esperan construir

el cielo en la tierra). Para los marxistas, esta victoria final se producirá con la realización del comunismo; para los nazis, con el Reich de los Mil Años; y para la Teoría Crítica de la Raza, con la destrucción de la «supremacía blanca» (que irá de la mano de la aniquilación del «sexismo», la «homofobia», la «transfobia», etc.).

Aunque pretendan perseguir nobles ideales, estas variaciones del gnosticismo no han engendrado más que división, sectarismo y cosas incluso peores. Como escribió el cardenal Ratzinger: «Es doloroso enfrentarse a la ilusión, tan esencialmente anticristiana [...] de que se puede crear un hombre nuevo y un mundo nuevo, no llamando a cada individuo a la conversión, sino sólo cambiando las estructuras sociales y económicas».[191] El cristianismo no puede rescatar a estas ideologías, pues «al sacralizar la revolución -mezclando a Dios, Cristo y las ideologías- sólo consiguen producir un fanatismo utopista que puede conducir a injusticias y opresiones aún peores».[192]

Los católicos deben oponerse resueltamente a la Teoría Crítica de la Raza del mismo modo que se han opuesto a esos errores del pasado, no *a pesar* de que se oponen al racismo, sino precisamente *porque* se oponen a esa ideología. La condena del racismo por parte de la Iglesia se basa tanto en nuestra naturaleza común como seres racionales capaces de conocimiento y de caridad, como en la redención del pecado hecha posible para todos por la gracia. Y esto implica, no la «cultura de la cancelación» y la hermenéutica de la sospecha de la TCR, sino la argumentación racional y la mutua comprensión. No la demonización de ninguna raza como intrínsecamente opresora, sino la solidaridad y el respeto mutuo. No la búsqueda interminable de motivos cada vez más esotéricos para justificar amargas quejas y recriminaciones, sino el perdón y la misericordia que, como ha subrayado el papa Francisco, es «el verdadero rostro del amor».[193]

---

[191] Ratzinger y Messori, *Informe sobre la fe*, 190.
[192] Ibid.
[193] Francisco, Ángelus del 14 de julio de 2019.

Bibliografía

Aquino, Tomás de. *La Monarquía*. Editorial Tecnos, 2007.

____. *Suma Teológica*. Traducción y anotaciones por una comisión de PP. Dominicos presidida por Francisco Barbado Viejo, OP. Biblioteca de Autores Cristianos.

Benedicto XIV. Carta Encíclica *Immensa Pastorum* (20 de diciembre de 1741).

Benedicto XV. Carta Encíclica *Ad Beatissimi Apostolorum* (1 de noviembre de 1914).

Blankenhorn, David. Fatherless *America: Confronting Our Most Urgent Social Problem*. New York: Harper Perennial, 1996.

Bradley, Gerard V. and E. Christian Brugger, eds. *Catholic Social Teaching: A Volume of Scholarly Essays*. Cambridge University Press, 2019.

Chesterton, G. K. *The Defendant*. R. Brimley Johnson, 1901.

Church, Jonathan D. *Reinventing Racism: Why "White Fragility" Is the Wrong Way to Think about Racial Inequality*. Lanham, Md.: Rowman and Littlefield, 2021.

Crenshaw, Kimberlé, Neil Gotanda, Gary Peller, and Kendall Thomas, eds. *Critical Race Theory: The Key Writings that Formed the Movement*. The New Press, 1995.

de Las Casas, Bartolomé. *Brevísima relación de la destruición de las indias*. Galaxia Gutenberg, 2013.

de Vitoria, Francisco. *Sobre justicia, dominio y economía*, Editorial UFV, 2020.

Delgado, Richard and Jean Stefancic. *Critical Race Theory: An Introduction*. New York University Press, 2017.

DiAngelo, Robin. *Fragilidad blanca: Por qué es tan difícil para los blancos hablar de racismo*. Ediciones del Oriente y del Mediterráneo, 2021.

Engel, S. Morris. *With Good Reason: An Introduction to Informal Fallacies*. 3ª ed. St. Martin's Press, 1986.

Eppstein, John. *The Catholic Tradition of the Law of Nations*. London: Burns, Oates, and Washbourne, 1935.

Eugenio IV. Bula pontificia *Sicut Dudum* (13 de enero de 1435).

Feser, Edward. *Scholastic Metaphysics: A Contemporary Introduction*. Editiones Scholasticae, 2014.

Gregorio XIV. Bula pontificia *Cum Sicuti* (18 de abril de 1591).

Gregorio XVI. Bula pontificia *In Supremo* (3 de diciembre de 1839).

Harrison, Lawrence E. *Who Prospers? How Cultural Values Shape Economic and Political Success*. Basic Books, 1992.

Harrison, Lawrence E., and Samuel P. Huntington, editors. *Culture Matters: How Values Shape Human Progress*. Basic Books, 2000.

Juan Pablo II. Carta Encíclica *Centesimus Annus* (1 de mayo, 1991).

_____. Carta Encíclica *Veritatis Splendor* (6 de agosto de 1993).

_____. *Memoria e Identidad*. La Esfera de los libros, 2005.

Juan XXIII. Carta Encíclica *Pacem in Terris* (11 de abril de 1963).

Kaufmann, Eric. *The Social Construction of Racism in the United States*. The Manhattan Institute, 2021.

Kendi, Ibram X. *Cómo ser antirracista*. Vintage Español, 2020.

Koonz, Claudia. *The Nazi Conscience*. Harvard University Press, 2003.

Landes, David. *La Riqueza y Pobreza de Las Naciones*. Vergara Editor, 1999.

León XIII. Carta Encíclica *Catholicae Ecclesiae* (20 de noviembre de 1890).

_____. Carta Encíclica *In Plurimis* (5 de mayo de 1888).

_____. Carta Encíclica *Quod Apostolici Muneris* (28 de diciembre de 1878).

Lukianoff, Greg y Jonathan Haidt. *La transformación de la mente moderna: Cómo las buenas intenciones y las malas ideas están condenando a una generación al fracaso*. Deusto, 2019.

Nicolás V. Bula pontificia *Dum Diversas* (18 de junio de 1452).

Osterweil, Vicky. *In Defense of Looting*. Bold Type Books, 2020.

Panzer, Joel S. *The Popes and Slavery*. Alba House, 1996.

Pablo III. Bula pontificia *Sublimis Deus* (29 de mayo de 1537).

Pablo VI. Carta Encíclica *Octogesima Adveniens* (14 de mayo de 1971).

____. Carta Encíclica *Populorum Progressio* (26 de marzo de 1967).

Pío X. Motu proprio *Fin Dalla Prima* (18 de diciembre de 1903).

Pío XI. Carta Encíclica *Divini Redemptoris* (19 de marzo de 1937).

____. Carta Encíclica *Mit Brennender Sorge* (14 de marzo de 1937).

____. Carta Encíclica *Mortalium Animos* (6 de enero de 1928).

Pluckrose, Helen y James Lindsay. *Teorías cínicas: Cómo el activismo del mundo académico hizo que todo girara en torno a la raza, el género y la identidad... y por qué esto nos perjudica a todos*. Alianza Editorial, 2023.

Pontificia Comisión «Iustitia et Pax». *La iglesia ante el racismo. Para una sociedad más fraterna*, 1988.

Pontificio Consejo «Justicia y Paz». *Compendio de la Doctrina Social de la Iglesia* (29 de junio de 2004).

Popenoe, David. *Life Without Father: Compelling New Evidence That Fatherhood and Marriage Are Indispensable for the Good of Children and Society*. Free Press, 1996.

Popper, Karl R. *Conjeturas y refutaciones: El desarrollo del conocimiento científico*. Ediciones Paidós, 1983.

Ratzinger, Joseph Cardenal con Vittorio Messori. *Informe sobre la fe*. Biblioteca de Autores Cristianos, 1985.

Rommen, Heinrich. *The State in Catholic Thought: A Treatise on Political Philosophy*. Cluny Media, 2016.

Scruton, Roger. *The Need for Nations*. Civitas, 2004.

Concilio Vaticano II. Constitución Pastoral *Gaudium et Spes* sobre la Iglesia en el mundo actual. (7 de diciembre de 1965).

_____. Declaración *Nostra Aetate* sobre las relaciones de la Iglesia con las religiones no cristianas (28 de octubre de 1965).

Sowell, Thomas. *Discrimination and Disparities*. Revised and enlarged edition. Basic Books, 2019.

_____. *Intellectuals and Race*. Basic Books, 2013.

Tierney, Brian. *The Idea of Natural Rights*. William B. Eerdmans Publishing Company, 2001.

Urbano VIII. Bula pontificia *Commissum Nobis* (22 de abril de 1639).

Voegelin, Eric. *La nueva ciencia de la política*. Katz Editores, 2006.

Walton, Douglas. *Informal Logic: A Pragmatic Approach*. Second edition. Cambridge University Press, 2008.

Wilson, James Q. *The Marriage Problem: How Our Culture Has Weakened Families*. Harper Collins, 2002.

Índice temático